Hoffnung den Ausgegrenzten

Inhalt

Die Hungertücher in ihrer liturgie- und ideengeschichtlichen Bedeutung

Der Begriff ist als sprichwörtliche Redensart allen geläufig. »Am Hungertuch nagen« heißt so viel wie arm sein, Hunger leiden.

Die Hungertuch-Idee kennt dagegen kaum jemand. Sie entstammt einem fast tausendjährigen kirchlichen Brauch, mit einem solchen Tuch in der Fastenzeit den Altar sowie das Geschehen am Altar zu verhüllen.

Seit 1976 erleben die Hungertücher bundesweit, ja weltweit eine ungeahnte Renaissance – dank der Initiative des Bischöflichen Hilfswerkes Misereor.

Wie kam es zur Entstehung der Hungertücher?

Die Altarverhüllung durch das sogenannte »velum templi« läßt sich um das Jahr 1000 nachweisen. Ein gestickter Vorhang wird bereits in der Lebensbeschreibung des Abtes Hartmod von Sankt Gallen um 895 erwähnt. Fastentücher finden sich dann in den Consuetudines von Sankt Vannes zu Verdun Ende des 10. Jahrhunderts (Rainer, S. 2). Aelfric von Winchester († 1006) berichtet: »Ein Tuch wird zwischen Altar und Volk aufgezogen« (Braun, S. 149). In jedem Jahr wurde seit dieser Zeit vielerorts das Fastenvelum am Aschermittwoch oder am Samstag vor dem ersten Fastensonntag aufgezogen. Am Mittwoch in der Karwoche wurde dann das Tuch während der Komplet beim Beten des Passionstextes: »et velum templi scissum est medium« – »und der Vorhang des Tempels riß mittendurch« wieder abgenommen bzw. fallengelassen. O. Rainer zitiert einen Sachsen, der das bevorstehende Ende des strengen Fastens so kommentiert: »Das Hungertuch ist gefallen.« Man kann sich diesen Brauch gut vorstellen; vielleicht war er untermalt von den Schlägen der klobigen Holzhämmer, die bis in die jüngste Vergangenheit hinein während der Fastenzeit die Altarglocken ersetzten (Rainer, S. 2).

Die Aufforderung, das Fastenvelum aufzuhängen, finden wir vor allem in den Liturgievorschriften jener Klöster, die sich der Reformbewegung von Cluny angeschlossen hatten. Das »velum quadragesimale«, wie das Fastentuch in der lateinischen Kirchensprache auch genannt wurde, fand über die Klosterkirchen auch allmählich Eingang in den Pfarrkirchen und erstreckte sich im 14. und 15. Jahrhundert über den cluniazensi-

Das Gurker Fastentuch von 1458

schen Klosterverband hinaus über das gesamte Abendland (Stary, S. 8). Schnelle Verbreitung fand das velum quadragesimale im 13. Jahrhundert vor allem in Deutschland, in Österreich, der Schweiz und in Frankreich. Von Synoden den Gemeinden ausdrücklich vorgeschrieben wurde das Fastenvelum in England.

Gründe für die Entstehung

Was hat dazu geführt, Altäre und Kreuz, ja den gesamten Altarraum während der vierzig Tage der Österlichen Bußzeit mit großen Tüchern aus dem Blickfeld der Teilnehmer am Gottesdienst verschwinden zu lassen? Die Gründe für die Entstehung der Hungertücher, wie sie im deutschen Sprachraum bezeichnet wurden, sind nicht eindeutig festzumachen.

Vermutlich geht ihr Ursprung auf die Bußdisziplin der frühen Kirche zurück. Zu Beginn der Quadragesima nahmen die Christen, die sich eines öffentlich bekannten Vergehens schuldig gemacht hatten, die vom Bischof auferlegte Buße auf sich. Es war üblich, die Büßer nach dem Wortgottesdienst vor Beginn der Eucharistiefeier zu entlassen. Diesem Ausschluß mußten sich auch die Taufbewerber, die sogenannten Katechumenen, anschließen. Die übrige Gemeinde schloß sich zuerst innerlich, später auch in äußerlich kenntlicher Weise den Büßern und Katechumenen an, indem sie ihrerseits der Buße nachkamen und auf die sichtbare Teilnahme an der gottesdienstlichen Feier

verzichteten. Dies geschah durch große Tücher, die den Altarraum vollständig verdeckten und die Sicht auf das Geschehen am Altar unmöglich machten (Stary, S. 8). Das Hungertuch verhüllte das am Altar vollzogene Mysterium und ermöglichte eine augenfällige Abstinenz vom sichtbaren Mitvollzug am heiligen Geschehen. Dieses »Fasten der Augen« wurde ergänzt durch das »Fasten der Ohren«. Bis in die jüngste Vergangenheit war es vor allem im alpenländischen Bereich üblich, daß in der österlichen Bußzeit die Orgel und die Glocken schwiegen. An ihrer Stelle riefen die sogenannten Rätschen (Klopfinstrumente und Hämmer aus Holz) zum Gottesdienst.

Wilhelm Durandus († 1296) gibt dem »velum templi« einen zusätzlichen Sinngehalt: »Das Tuch, welches in der Fastenzeit vor dem Altar aufgehängt wird, versinnbildet den Vorhang, der die Bundeslade verhüllte und beim Leiden des Herrn zerriß; nach diesem Vorbild werden heute noch Tücher von mannigfacher Schönheit gewoben« (Huber, S. 6). Eine weitere mittelalterliche Sinndeutung des Fastenvelums: während der vierzig Tage des Fastens nehmen die Gläubigen die Buße – Verzicht auf die sichtbare Teilnahme am heiligen Geschehen – gerne auf sich. Sie glauben, in der Bußzeit seien sie des Anblicks der Geheimnisse des Opfers Christi am Altar nicht würdig. In der Leidenszeit bleibt die Gottheit Jesu verhüllt – auch darauf sollte die Verhüllung des Altares hinweisen (Sörries, S. 15).
Die Riten der Verhüllung des heiligen Bezirks und Geschehens sowie der Enthül-

Das Millstätter Fastentuch von 1593

Das Telgter Hungertuch von 1623

lung spielen in der Ikonostase der Ostkirche heute noch eine große Rolle. Das Fastentuch in seiner ursprünglichen Bedeutung läßt sich vor allem aus dem Symbol-Charakter von Verhüllung und Enthüllung verstehen.

Ursprünglich nur aus schmucklosem Linnen, wurden die Fastenvelen bald mit reichem Bildwerk bestückt bzw. bemalt. Erste Beispiele sind vier reich bebilderte Fastenvelen von ›St. Ulrich und Afra in Augsburg. Diese zwischen 1126 bis 1149 entstandenen Tücher existieren zwar nicht mehr,

sind uns aber aus einer Beschreibung von 1493 gut bekannt (Sörries, S. 10). Diese neuen Leinentücher wiesen ab dem 12. Jahrhundert immer häufiger Bildmotive aus der Heilsgeschichte des Alten und Neuen Testamentes auf. Diese Bildgestaltung erscheint auf den ersten Blick als Widerspruch zum eigentlichen Verhüllungszweck der Fastentücher. J. Emminghaus erklärt dies so: »Das Tuch will mit seinem Schmuck, der eben mehr als Schmuck ist, darstellen, was verdeckt auf dem Altar geschieht.« Sörries meint, daß gerade die reich bebilderten Fastentücher der Alpenländer paradoxerweise entgegen ihrem Verhüllungszweck zu den eindrucksvollsten bildlichen Entfaltungen der Heilsgeschichte gehören. So verhüllen sie einerseits Bildwerke sowie das heilige Geschehen im Altarraum, andererseits erzählen sie, auf Leinwand gemalt, die biblische Geschichte von der Schöpfung bis zur Wiederkunft Christi (Sörries, S. 5). Diese biblischen Darstellungen des Heilsgeschehens auf den Fasten- bzw. Hungertüchern sollten den Gläubigen als katechetische Unterweisung dienen. Sie sollten das vergegenwärtigen und aufschließen, was den Menschen zu ihrem Heile dient. Die Begegnung Gottes mit den Menschen sollte in der bildhaften Darstellung Schritt für Schritt erfahrbar und faßbar gemacht werden. Auf diese Weise wurde das Fasten- bzw. das Hungertuch zu einem katechetischen Medium, das in jenen Jahrhunderten, als die lateinische Sprache den Gottesdienst bestimmte, den Gläubigen den Zugang zum Mysterium des Glaubens auf eine volksnahe, weil anschauliche Weise ermöglichte. Als Biblia pauperum, als »Armenbibel« für die Menschen einer Zeitepoche, als die wenigsten lesen und schreiben konnten, zeigten die Fasten- bzw. Hungertücher vor allem des Spätmittelalters zahlreiche Szenen aus den Büchern des Alten und Neuen Testamentes, die auf eine sorgsam überlegte Auswahl schließen lassen. Die Bilder wollten vor allem den Fortgang der Heilsgeschichte von der Erschaffung der Welt bis zur Wiederkunft Christi festhalten. Dabei wurde besonderer Wert auf die typologische Deutung alttestamentlicher Vorgänge gelegt, die im Neuen Testa-

ment ihre Erfüllung fanden. Auf dem Gurker Fastentuch zeigt sich dieses Anliegen z.B. in der Darstellung des in seinem Bett liegenden Isai, der »im Schlaf die Frucht des Baumes« sieht, nämlich die Gestalt der Mutter Maria, die ihr Kind auf dem Arm hält. Dieses Bildmotiv will verdeutlichen, daß mit dem »Reis aus der Wurzel Jesse« (Jes 11,1) Jesus als der verheißene Messias gemeint ist (Stary, S.12).

Als literarische Grundlage für die biblischen und säkularen Bildmotive der Fasten- bzw. Hungertücher des frühen Mittelalters dienten vor allem zwei Werke, die sich im 14. und 15. Jahrhundert großer Beliebtheit erfreuten.

Die Biblia pauperum, d. h. die Armenbibel brachte alttestamentliche Geschehnisse und vor allem Aussagen der Propheten in einen typologischen Zusammenhang mit dem Evangelium des Neuen Bundes, in dem sich die Verheißungen des Alten Testamentes erfüllten.

Eine weitere Vorlage bot das Werk »Speculum humanae salvationis« (Heilsspiegel), das aus dem Jahr 1324 stammt. Hier wurden Szenen der Bibel bzw. der jüdischen Legende mit Begebenheiten aus der heidnischen Profangeschichte bzw. Mythologie verknüpft. Auf dem Gurker Fastentuch (Stary, S. 20) werden z. B. der Besuch Alexanders d. Gr. in Jerusalem und seine Huldigung vor dem Hohenpriester symbolisch gedeutet als Unterwerfung der Heidenwelt vor Christus, dem Hohenpriester des Neuen Bundes. Die tödlichen Stiche, die Caesar von seinen Mördern empfing, sind typologischer Hinweis auf jene Wunden, die Jesus zur Rettung der Menschheit empfangen hat.

Funktionswandel der Fasten- bzw. Hungertücher

Die Fasten- bzw. Hungertücher haben im Lauf der Jahrhunderte einen beachtlichen Funktionswandel durchgemacht.

Ursprünglich besaßen sie eine überwiegend verhüllende Funktion. Als schmuckloses »velum templi« dienten sie der »Askese der Augensinnlichkeit« (Emminghaus, S.23), waren sichtbares Zeichen der Buße.

Eine symbolische Funktion bekamen sie bei jenen, die im »velum templi« das Verbergen der Gottheit Christi sahen.

Die reich bebilderten Fasten- bzw. Hungertücher, die mehr zeigten als verbargen und mehr offenbarten als verhüllten, hatten später eine erzählerische und damit didaktisch-katechetische Funktion. N. Grass meint dazu, die so verstandenen Fasten- bzw. Hungertücher wollten »der des Lesens unkundigen Gemeinde die Heilsgeschichte in Bildern vor Augen stellen, um die für die Fastenzeit … geziemende seelische Stimmung beim Volke hervorzurufen. Sie bildeten eine Art Armenbibel« (zit. bei Sörries, S. 15).

W. Heim schließlich nennt die Hungertücher ein »Spezifikum der Fastenzeit« und ein »liturgisches Kommunikationssymbol der kirchlichen Gemeinschaft in der Zeit der Ostervorbereitung« (Heim, S. 34). Das Aufhängen der Tücher geschieht als Antwort auf die beginnende Österliche Bußzeit. Die Bilder der Tücher haben dabei jedes Mal einen neuen und hohen Aktualitätswert.

Verbreitung der Fasten- bzw. Hungertücher

Kärnten, der alemannische Raum mit Oberschwaben, Bodenseegebiet, Schweiz und Elsaß sowie Westfalen sind bis heute Traditionsinseln der historischen Fasten- bzw. Hungertücher.

Im alemannischen Gebiet, vor allem in der Schweiz, fielen viele Fastentücher dem reformatorischen Bildersturm zum Opfer und werden z. T. erst in jüngster Zeit wiederentdeckt (Sörries, S. 17–19). Das größte und schönste der erhaltenen Tücher dieser Region befindet sich im Freiburger Münster. Es stammt aus dem Jahr 1612 und hat eine Größe von 12,95 m x 10,00 m.

Kärnten besitzt aus dem Zeitraum von 1458 bis 1629 noch neun vollständig erhaltene Fastentücher (Rainer, S. 2). Wir finden dort einen außerordentlich großen Schatz an gotischer Malerei, vor allem in Form herrlicher Fresken in zahlreichen Kirchen. An diese Tradition knüpfen die Fastentücher des 15. und 16. Jahrhunderts an. An den Kärntner Fastentüchern läßt sich die kulturgeschichtliche Entwicklung des velum quadragesimale gut verfolgen. Das gotische Fastentuch im Dom zu Gurk (1458; die 88,7 m² große Bilderwand zeigt in 99 rechteckigen Feldern 108 Darstellungen aus dem Alten und Neuen Testament) nimmt auf-

Das Gurker Fastentuch, Ausschnitt »Jesus wird verspottet«

grund seines Alters, seiner Größe sowie der Vielfalt seiner Bildmotive unbestritten den ersten Rang aller österreichischen Fastentücher ein. Es findet zahlreiche Nachahmungen, in Haimburg (1504) genauso wie in Reichenfels (1520), Steuerberg (1540), Baldramsdorf (1555) und Millstatt (1593). Das Millstätter Tuch entspricht in stilistischer Hinsicht der lokalen Kärntner Maltradition am Übergang von der Spätgotik zum Frühbarock (Huber, S. 9). Die Periode der

großen, schachbrettartig angeordneten Bildmotive endet 1629 mit dem Fastentuch in der St.-Georg-Kirche von Großsternberg oberhalb von Velden. In der Folge entstehen kleinere Fastentücher, die von einer einzigen, formatfüllenden Passionsszene beherrscht werden (Huber, S. 8).

Ob Bischof Johannes Schallermann aus Soest, der von 1432 bis 1453 Bischof von Gurk war, aus seiner Heimat den Brauch

Das Gurker Fastentuch,
Ausschnitt »Die Umkehr des
Zachäus«

des Fastentuches nach Kärnten brachte, ist umstritten (Hengl, S. 56–59). Jedenfalls finden wir in Westfalen die dritte Traditionsinsel für die historischen Fasten- bzw. Hungertücher. Während in Kärnten und im alemannischen Gebiet die reichbebilderten Fastentücher aus Leinen vorherrschen, finden wir in Westfalen Hungertücher (volkstümlich S[ch]machtlappen genannt) vor allem in der Filetarbeitstechnik. Nach der Reformationszeit dienten auch hier die Tücher weniger der Verhüllung als der Illustration. Als Bildinhalte wurden dabei meistens die Leidenswerkzeuge, die Passion Christi und im 17. und 18. Jahrhundert Pflanzen- und Tiermotive dargestellt. Mehr als zwanzig kostbare Fastentücher aus dem 17. bis 19. Jahrhundert sind noch erhalten (Strack, S. 4). Als bedeutendstes Werk gilt das Telgter Hungertuch aus dem Jahr 1623 mit einer Gesamtgröße von 7,40 m x 4,40 m, das bis ins 19. Jahrhundert viele Nachahmer gefunden hat.

Verwirrende Namensvielfalt

In den mittelalterlichen Quellen werden die Fasten- bzw. Hungertücher »velum quadragesimale« und in Anlehnung an das Schlußwort bei Mk 15,38 (… et velum templi scissum est) »velum templi« genannt.

Im östlichen Alpenraum und damit vor allem in Kärnten kennt man sie unter dem Namen »Fastentücher«.

In Tirol findet man gelegentlich die Bezeichnung »Leidenstücher«.

Im niederdeutschen Sprachgebrauch haben sie die Bezeichnung »S[ch]machtlappen«. In der Schweiz, in Schwaben und im Elsaß (also im alemannischen Sprachraum), aber auch in Westfalen und in Sachsen werden sie »Hungertücher« genannt. Bereits 1306 findet man in einer münsterschen Chronik den Ausdruck »hungerdoeck«. Fasten, hungern, aber auch schmachten deuten darauf hin, daß man im deutschen Sprachraum die Quadragese tatsächlich als echte Abstinenz verstanden hat. So predigte der Straßburger Leutpriester Geiler von Keysersberg: »Dich sol leren das Hungertuch – so man ufspannt – Abstinenz und Fasten« (Röhrig, S. 456). Die Fastenzeit wurde während des Mittelalters vor allem bei den kleinen Leuten als Hungerzeit empfunden. Die Redensart »am Hungertuch nagen« bezieht sich auf diesen ursprünglichen Sinn von »Mangel leiden« und »arm leben«. So hat der Nürnberger Schuhmacherpoet Hans Sachs gereimt: »Ich füll mein Wanst und wasch mein Kragen, lasz Weib und Kind am Hungertuch nagen« (Grimm, a. a. O.).

Einige Autoren weisen darauf hin, daß sich das »nagen« auch auf das niederdeutsche »najen = nähen« bezieht und einen Hinweis darauf bietet, daß z. B. die münsterländischen Hungertücher in der Technik der Netzstickerei mit der Nadel gefertigt wurden (Kalt, S. 5).

Neuere Geschichte der Hungertücher

Viele Gründe haben zum Verschwinden der Hungertücher geführt. Am stärksten hat wohl der Einspruch M. Luthers dazu beigetragen, daß zahlreiche Formen katholischen

Brauchtums wie die Hungertücher in Vergessenheit geraten sind: »Die festen, palmtag und marterwochen lassen wir bleiben ... doch nicht also, das man das hungertuch, palmen schiessen, bilde decken, und was des gaukelwerks mehr ist, halten ... soll« (Sörries, S. 17). Wo die Reformation mit der Bilderfeindlichkeit einherging, verschwanden auch, vor allem in den reformierten Kantonen der Schweiz, die Hungertücher.

Im Zuge der Gegenreformation wuchs in katholisch gebliebenen Gebieten auf der einen Seite das Schaubedürfnis der Gläubigen; die Elevation der Hostie wurde zentraler Bestandteil des Gottesdienstes. Die Verhüllungsfunktion der Hungertücher fand kein Verständnis mehr. Auf der anderen Seite traten im Rahmen der Passionsfrömmigkeit Heiliggräber, Fastenkrippen und Kreuzweg in Konkurrenz zu den Hungertüchern.

Die Hungertücher selbst wurden in nachreformatorischer Zeit kleiner im Format und boten großflächige Darstellungen des Leidens Jesu sowie seiner Leidensinstrumente. Das wird deutlich vor allem am Beispiel der westfälischen Hungertücher.

Die Aufklärung mit ihren neuen Vernunftidealen versetzte schließlich dem alten Brauch des Fasten- bzw. Hungertuches den Todesstoß. Während im Mittelalter bald jede Kirche solche Tücher besaß (Sörries, S. 17), haben vielleicht einhundert Exemplare die Zeit überdauert. Viele wanderten als »alter Plunder« (Heim, S. 36) in den Müll, manche kamen über den Kunsthandel in Museen, nur in seltenen Fällen haben ungebrochene Traditionen zum Erhalt der kostbaren Zeugen mittelalterlicher Volksfrömmigkeit beigetragen.

Die Neubelebung durch Misereor

Das Bischöfliche Hilfswerk Misereor hat 1976 den fast vergessenen Brauch des Hungertuches wieder aufgegriffen. Meine damaligen Vorüberlegungen sind bei W. Heim dokumentiert: »Im Rahmen der Vorüberlegungen für die Fastenaktion 1976 war uns bewußt, daß es mehr und mehr zur Aufgabe von Misereor gehören wird, Entwicklungshilfe/Entwicklungszusammenarbeit nicht mehr nur als finanzielle Einbahnstraße zu verstehen, sondern als partnerschaftlichen Austausch von Impulsen, den gerade die Gemeindepastoral hierzulande nötig hat. »Bekehrung«, »Umkehr«: diese alten biblischen Vokabeln sollten für den heutigen Christen bedeuten, daß er sich angesichts der Werte anderer Kulturen und Ortskirchen infrage stellen läßt, daß er wieder lernfähig und lernbereit wird.

Im Rahmen dieser Überlegungen kamen wir auch zu den Leitthemen der folgenden Jahre ... Es wurde uns klar, daß es darauf ankommen wird, die fremden Brüder und Schwestern nicht nur zu akzeptieren, sondern in ihnen gleich-, beziehungsweise in manchen Dingen sogar höherwertige Partner zu erkennen.

Doch wie kann man glorreiche Theorien aus dem Bereich der Großbuchstaben in machbare Schritte umsetzen?

Mir kam dann der Gedankenblitz, man könnte doch die mittelalterlichen Hungertücher revitalisieren und mit einer neuen Botschaft von »draußen« versehen. Ich komme selbst aus dem süddeutschen Bereich (Bodenseegegend), wo diese Hungertücher u. a. zuhause sind« (Heim, S. 30).

In der »Auftragsvorlage« an den Künstler des ersten Misereor-Hungertuches Jyoti Sahi aus Bangalore, die den Titel trug »Ein alter liturgischer Brauch, neuentdeckt für die heutige Weltsituation«, wurde bewußt die alte Tradition aufgegriffen (Heim, S. 37–38). Das neue Misereor-Hungertuch sollte aber – nicht zuletzt wegen der aus technischen Gründen eingeschränkten Größenordnung – nicht an die ursprüngliche Verhüllungstradition, sondern an den Symbolgehalt sowie die didaktisch-katechetische Funktion der mittelalterlichen Fasten- bzw. Hungertücher anknüpfen. Das von Misereor neubelebte Hungertuch will dabei nicht nur die bildlichen Darstellungen der alten Fastenvelen vom Heilshandeln Gottes mit der Welt den Gläubigen während der Österlichen Bußzeit nahebringen, sondern zum mitvollziehenden Heilshandeln des Menschen für den Mitmenschen einladen. Die Misereor-Hungertücher wollen außerdem eine »Botschaft von draußen« vermitteln. Von gläubigen Christen aus Afrika, Asien und Lateinamerika gemalt, ermöglichen sie eine Begegnung mit dem Leben und Glauben von Menschen und Christen anderer Kulturen. Die dabei gewonnenen Einsichten beinhalten immer auch eine Anfrage an unser eigenes Christsein und den eigenen Lebensstil. Im Laufe dieser Jahre wurden die Misereor-Hungertücher – zwei von elf Tüchern stammen aus dem eigenen Umfeld – zu Schaubildern des Glaubens, die mit ihrer eindrucksvollen Bildsprache wichtige Zeugen geworden sind für die Bedeutung der Fastenzeit als der hohen Zeit für Bekehrung, Umkehr und neues Leben.

Eng verknüpft mit der Misereor-Fastenaktion

Die bisherigen Misereor-Hungertücher verbanden die Zielsetzung von Misereor mit dem Gründungsauftrag, »dem einzelnen ins Gewissen zu reden, damit er so sein Heil wirke in der Barmherzigkeit, die er übt und die er darin findet« (Kardinal Frings, Köln 1958). Alle bisherigen Hungertücher haben die Verkündigung Jesu sowie die Botschaft seines Todes und seiner Auferstehung aus der je unterschiedlichen Lebens- und Glaubenswirklichkeit der Künstlerinnen und Künstler heraus interpretiert.

Das Hungertuch aus Indien (1976; Jyoti Sahi)

Beim ersten Hungertuch aus Indien (1976; Künstler: Jyoti Sahi) lautete das theologische Leitmotiv: »Christus im Lebensbaum – Hoffnung für alle«. Der Künstler verband mit den symbolhaften Bildmotiven das Leiden Christi und seine Auferstehung mit der Menschheitspassion unserer Tage sowie mit der Sehnsucht aller Menschen nach »Auferstehung« und neuem Leben. Das Bild ist geprägt von der Lebendigkeit indischer Religiosität.

Das Hungertuch aus Äthiopien (1978; Alemayehu Bizuneh)

Das Hungertuch aus Äthiopien (1978; Künstler: Alemayehu Bizuneh) zeigt fünf Bildgeschichten: 1. Wir sind alle Kain. Kain und der Brudermord 2. Die neue Erde als Aufgabe und Verheißung. Noach und die Flut 3. Anteilnehmen – Anteilgeben. Jesus und Zachäus 4. Mich erbarmt des Volkes. Jesus und die hungrige Menge 5. Der Gottesknecht. Die Erinnerung an den Gottesknecht läßt auch uns aus der Hoffnungskraft seines Leidens leben und uns für das Leiden anderer mitverantwortlich wissen.

19

Das Hungertuch aus dem Mittelalter (1980; sog. Bruder-Klaus-Meditationsbild)

Das Hungertuch aus dem Mittelalter (1980; als sog. Bruder-Klaus-Meditationsbild in die räumliche und geistige Nähe des hl. Nikolaus von Flüe [1417–1487] gerückt) zeigt die im Mittelalter üblichen Weltgerichtstafeln (Mt 25). Christus der Weltenrichter (Bildmitte) ist umgeben von Bildmotiven der wichtigsten Heilsereignisse, denen die Symbole der sieben leiblichen Werke der Barmherzigkeit zugeordnet sind.

Das Hungertuch aus Haiti (1982; Jacques Chéry)

Das Hungertuch aus Haiti (1982; Künstler: Jacques Chéry) orientiert sich an den Bibeltexten der fünf Fastensonntage im Lesejahr B. Vom Künstler wurden diese Texte der alt- und neutestamentlichen Heilsgeschichte mit sinnbildhaften Darstellungen des Tages- und Weltgeschehens verwoben. Auf der unteren Ebene zeigen die Bilder Szenen der Heimatlosigkeit, der Friedlosigkeit und der Orientierungslosigkeit. Christus überwindet in den Bildmotiven der mittleren Ebene das Böse, vom Künstler dargestellt als neuer Adam, der die Versuchung besteht, der gegen den Tempelmarkt protestiert und der am Kreuzesbaum erhöht wird. In der oberen Ebene sehen wir Bilder der Hoffnung, der neuen Schöpfung und uns allen verheißenen Tischgemeinschaft.

21

Das Hungertuch aus Indien (1984; Jyoti Sahi)

Das Hungertuch aus Indien (1984; Künstler: Jyoti Sahi) ließ sich inhaltlich inspirieren von den gottesdienstlichen Lesungen und Evangelientexten der fünf Fastensonntage im Lesejahr A. Das Thema des Hungertuches lautet: Leben – Wasser und Licht. Der Künstler hat versucht, die Vielfalt dieser Aussagen in drei Dimensionen ins Bild zu bringen: 1. die Dimension der konkreten Realität 2. die Dimension religiöser indischer Symbole 3. die Dimension der biblischen Offenbarung.

Das Hungertuch aus Peru (1986; Frauen und Männer der Indiogemeinde Santiago de Pupuja)

Das Hungertuch aus Peru (1986; Künstler: Frauen und Männer der Indiogemeinde Santiago de Pupuja) ist Ergebnis der gemeinsamen Reflexion dieser Menschen zum Thema: Als Volk Gottes auf dem Weg. Die Bildmotive sind mit ihren biblischen Texten den Sonntagen der Österlichen Bußzeit vom Lesejahr C zugeordnet. Diese Bilder einer armen Indio-Gemeinde sind in ihrer naiven Technik eine glaubwürdige und authentische Botschaft für die Glaubensbrüder und -schwestern in Europa. Sie waren gleichzeitig Anstoß dafür, daß zahlreiche Gruppen und Gemeinden bei uns zulande Hungertücher anfertigten, die Zeugen des eigenen Lebens und Glaubens sein sollten.

23

Das Hungertuch aus Kamerun (1988; René Tchebetchou)

Das Hungertuch aus Kamerun (1988; Künstler: René Tchebetchou) ist in seinen Bildmotiven geprägt von der gesellschaftlichen, wirtschaftlichen und kulturellen Situation Schwarzafrikas, insbesondere von Kamerun. Zentrales Thema sind die Vaterunser-Bitten.

Gott begleitet die Afrikaner in ihrem täglichen Leben. Als Immanuel lebt er, erkennbar am roten Gewand, mitten unter den Menschen. Die Ahnen, dargestellt in der Randleiste des Hungertuches, sind wesentliches Lebensprinzip afrikanischer Existenz.

Das Hungertuch »Biblische Frauengestalten« (1990; Lucy D'Souza)

Das Hungertuch »Biblische Frauengestalten« (1990; Künstlerin: Lucy D'Souza) zeigt biblische Frauengestalten (Mirjam; Schifra und Pua; Ruth; Maria und Elisabeth; Syrophönizische Frau; Maria von Magdala) als Führerinnen und Begleiterinnen zum Reich Gottes. Mittelpunkt des Hungertuches ist eine symbolhafte Darstellung des Gleichnisses Jesu vom Reiche Gottes: Es ist wie der Sauerteig und wie ein Senfkorn.

25

Das Hungertuch aus Lateinamerika (1992; Adolfo P. Esquivel)

Das Hungertuch aus Lateinamerika (1992; Künstler: Adolfo P. Esquivel) ist 15. Station eines Kreuzweges. Entstanden aus Anlaß des Gedächtnisjahres »500 Jahre Lateinamerika«, zeigen die Kreuzwegbilder den Weg des Leidens, den die lateinamerikanischen Völker in den vergangenen Jahrhunderten gegangen sind. Das Hungertuch als 15. Station des Kreuzweges zeigt den auferstandenen Herrn, umgeben von den lateinamerikanischen Märtyrerinnen und Märtyrern unserer Tage. Ihr Blutzeugnis wird zum Keim der Hoffnung und zur Quelle von Leben für den Subkontinent, beinhaltet gleichzeitig eine Anfrage an unser Christsein, unser Zeugnis und unsere Solidarität.

Das Hungertuch »Gott begegnen im Fremden« (1994; Azaria Mbatha)

Das Hungertuch »Gott begegnen im Fremden« (1994; Künstler: Azaria Mbatha) ist geprägt von den Themen der Misereor-Fastenaktion 1994. Angesichts weltweiter Flucht- und Migrationsbewegungen wird der Umgang mit den hier lebenden Flüchtlingen und Fremden mehr und mehr zum Testfall christlicher Solidarität. Der Künstler verknüpft mit seiner Schwarz-weiß-Linoltechnik biblische Aussagen mit afrikanischer Realität. Im Mittelpunkt steht die Emmausgeschichte, die deutlich macht: wer dem Fremden begegnet und ihn aufnimmt, findet Gott und sich selbst.

Das Hungertuch »Hoffnung den Ausgegrenzten« (1996; Sieger Köder)

Das Hungertuch »Hoffnung den Ausgegrenzten« (1996; Künstler: Sieger Köder)
will den Grundauftrag von Misereor zum
Teilen und zum »Anders leben« ins Bild
bringen. In Form eines Triptychons gemalt,
sehen wir Christus als Prototyp des leidenden und gequälten Menschen in der Mitte.
Auf den beiden Flügeln entdecken wir Bilder
der Hoffnung und des Lebens aus dem Alten
und Neuen Testament.

Die Autorinnen und Autoren dieses
Buches versuchen, die ungeheure Farbigkeit
und Dynamik dieser Köderschen Bilderwelt
zu deuten und zu erschließen.

Erwin Mock

Verwendete Literatur

Joseph Braun, Der christliche Altar in seiner geschichtlichen Entwicklung. Band II, München 1924

Johannes Emminghaus, Westfälische Hungertücher aus nachmittelalterlicher Zeit und ihre liturgische Herkunft, Münster 1949

Johannes Emminghaus, Fastentuch, in: Reallexikon zur Deutschen Kunstgeschichte. Bd. 7, Sp. 826–848

Paul Engelmeier, Westfälische Hungertücher vom 14. bis 19. Jahrhundert, Münster 1961

Nikolaus Grass, Vom Fasten- oder Hungertuch, in: Ostern in Tirol, Innsbruck 1957

Jacob und Wilhelm Grimm, Deutsches Wörterbuch. Bd. IV, Spalte 1950, Stichwort »Hungertuch«

Walter Heim, Die Revitalisierung des Hungertuchs. Ein alter Kirchenbrauch in neuer Bedeutung, in: Archiv für Liturgiewissenschaft, 23. Jg., 1981, Heft 1, S. 30–56

Harald Hengl, Kulturgeschichtliche Bedingungen zur Etablierung des Velum Quadragesimale, in: A. Huber, a. a. O., Seeboden 1993

Axel Huber, 400 Jahre Millstätter Fastentuch, Klagenfurt 1987

Axel Huber, 400 Jahre Millstätter Fastentuch. Tagungsbericht über das Symposium vom 4. April 1993, Seeboden 1993

Gustav Kalt, Am Hungertuch nagen, in: Schweizerische Kirchenzeitung 145, 1977

Otto Reiner, Dom zu Gurk. Fastentuch. Domkustodie Gurk 1984

Lutz Röhrich, Lexikon der sprichwörtlichen Redensarten 1, Freiburg 1976

Reiner Sörries, Die alpenländischen Fastentücher. Vergessene Zeugnisse volkstümlicher Frömmigkeit, Klagenfurt 1988

Reiner Sörries, Die Geschichte und Bedeutung des Millstätter Fastentuches, in: A. Huber, a. a. O., Seeboden 1993

Othmar Stary/Wim van der Kallen, Das Fastentuch im Dom zu Gurk. Bilder aus der Geschichte Gottes mit den Menschen, Klagenfurt 1994

Christoph Strack, Hungertücher und Schmachtlappen, in: Pressedienst Bistum Münster, 45. Jg., Nr. 14 vom 6. 4. 1995, S. 3–5.

Zur Entstehung dieses Hungertuches –
ein Werkstattbericht

Das Thema der Misereor-Fastenaktion '96

Im Frühjahr 1994 traf sich in der Geschäftsstelle Misereor die mit der Vorbereitung der Fastenaktion '96 beauftragte Arbeitsgruppe. Damit alle Aspekte der Misereor-Arbeit die gebührende Berücksichtigung finden, setzte sich diese Arbeitsgruppe zusammen aus Vertretern der betroffenen Inlandsabteilungen (Bildung/Pastoralarbeit, Presse/Öffentlichkeitsarbeit, Projektpartnerschaft) sowie der Hauptabteilung Projekte.

Einige Untersuchungen und Studien hatten im Vorfeld deutlich gemacht, daß die speziellen Themen vergangener Fastenaktionen (z. B. Frauen, 500 Jahre Lateinamerika, Umwelt und Entwicklung am Beispiel Amazonien, Umgang mit Fremden) einer Ergänzung bedürfen durch die Verdeutlichung des Grundauftrags von Misereor. Den Menschen in der Dritten Welt bei der Befriedigung ihrer Grundbedürfnisse beizustehen, gehört zur prioritären Aufgabe des Hilfswerkes. Gemeint ist damit das Recht der Menschen auf Nahrung, auf sauberes Wasser, auf menschenwürdiges Wohnen, auf Gesundheit, auf angemessene Bildung und Arbeit. Diese fundamentalen Menschenrechte können verwirklicht werden durch konkrete Hilfsprogramme, die gemeinsam mit den betroffenen Menschen geplant und durchgeführt werden. Sie bedürfen aber auch der politischen Einflußnahme auf die Mächtigen in Politik und Wirtschaft. Für die Fastenaktion '96 schlug die Arbeitsgruppe den verantwortlichen Gremien vor, das Thema »Grundbedürfnisse« am Beispiel »Wasser« aufzuzeigen.

Das Misereor-Hungertuch als »Armenbibel«

Für das geplante Misereor-Hungertuch '96 war damit die Richtung vorgegeben. Es sollte den Grundauftrag von Misereor als der »Agentur« für Umkehr, Teilen und »Anders leben« im Rahmen einer zeitgemäßen Fastenpastoral ins Bild bringen. Diesen Grundauftrag von Misereor durchzubuchstabieren, heißt: Menschen befähigen, ihr Leben menschenwürdig zu leben und sie dabei tatkräftig zu unterstützen. Das heißt: hoffnungsvolle Beispiele und Visionen ins Bild setzen, die aufzeigen, daß Armut und Ausbeutung immer auch einhergehen mit

Hoffnung und Verheißung. Zum Wesensmerkmal der Misereor-Hungertücher gehört, daß solche konkreten Bilder von Leid und Tod, von Unterdrückung und Befreiung, von Angst und Hoffnung verwoben sind mit den Geschichten und Bildern der Frohen Botschaft des Alten und Neuen Testamentes. Als »Biblia pauperum« d. h. »Armenbibel« – im Mittelalter eingesetzt in Form einer »Heiligen Schrift in Bildern« für eine Bevölkerung, die damals mehrheitlich weder lesen noch schreiben konnte, und heute ins Bild gesetzt für das Analphabetentum gegenüber der Not in der Welt und ihre weltwirtschaftlichen Zusammenhänge – kann das Misereor-Hungertuch zum Impuls werden, die Fastenzeit als Zeit der Besinnung, der Umkehr, des »Anders leben« und des Teilens zu gestalten.

Die Misereor-Hungertücher der vergangenen zwanzig Jahre wurden von Künstlerinnen und Künstlern aus der Dritten Welt gemalt. Sie haben ihre Lebens- und Glaubenserfahrung in ihren Bildern sichtbar gemacht und diese »Botschaft von draußen« an die Christen in Deutschland und in Europa gerichtet. Auf diese Weise wurde die Einbahnstraße des bloßen Gebens zum Gegenverkehr eines partnerschaftlichen Austausches, bei dem beide Seiten ihre Lernfähigkeit und Lernbereitschaft unter Beweis zu stellen hatten.

Die einzige Ausnahme bestand 1980 im Hungertuch aus dem Mittelalter, ein dem Bruder Klaus von Flüe zugeordnetes Meditationsbild. Dieses Misereor-Hungertuch aus dem Mittelalter zeigt ein durchaus modernes Bild. In der Verwirklichung der Werke der

Barmherzigkeit wird die innere Einheit von Glaube und sozialem Engagement sichtbar, wird unser Glaube lebendig.

Um den Grundauftrag von Misereor zum Teilen und zum »Anders leben« für die Fastenaktion '96 ins Bild zu bringen, erschien uns erneut ein Künstler aus dem eigenen Umfeld für geeignet.

Der Maler und Pfarrer Sieger Köder

Die Wahl fiel auf den schwäbischen Maler und Pfarrer Sieger Köder. Er war dem Verfasser bekannt und vom pastoralen Umfeld her

verbunden. Seine engagierte Kunst, obwohl gegenständlich, dient nie der bloßen Illustration, dem bloßen Dekor. Sie ist für ihn auch »nicht Selbstzweck, sondern Spiegel und Symbol für das ganz andere, das unser eigentliches Leben ausmacht« (S. Köder). Seine von einem »meditativen wie kommunikativen Grundzug geprägten Bilder« (H. Baumhauer) sind genau so das Werk des theologisch-versierten Pfarrers wie des fachlich-fundierten Künstlers, der seine Ausbildung an der Stuttgarter Akademie erhalten hat. Und: Sieger Köder entpuppte sich als »Liebhaber« der Misereor-Hungertücher. Jedes neue Hungertuch fand seinen Platz in den beiden Pfarrgemeinden Hohenberg und Rosenberg, in denen Sieger Köder bis zu seiner Pensionierung (1995) Pfarrer war. Er war sich nicht zu schade, die Kreuzwegbilder von A. P. Esquivel und von A. Mbatha sowie deren Hungertücher vor die von ihm geschaffenen Kreuzwegtafeln und das Retabel des von ihm gemalten Altars in der Pfarrkirche Rosenberg zu hängen. Seine Fähigkeit und seine Mission, auch mit Bildern predigen zu können, erschien uns als ideale Voraussetzung für die Beauftragung und Schaffung des Hungertuchbildes 1996.

Die erste Ideenskizze entsteht

Am 24. Juni 1994 trafen wir (R. Baumann, K. Gouders, E. Mock) uns im Pfarrhaus zu Rosenberg, um den Maler S. Köder zu inspirieren und um, wie wir am Ende feststellen durften, uns vor allem von ihm inspirieren zu lassen. Es waren gute Stunden, zu denen wir uns zusammengefunden hatten. Wir tauschten Ideen aus, lasen in der Bibel, schauten Bilder von S. Köder an und genossen zwischendurch die schwäbische Gastfreundschaft bei Kaffee und Apfelstrudel.

Das Mittelbild

Den Grundauftrag von Misereor ins Bild bringen, heißt, sich der leidenden und von der Gesellschaft ausgegrenzten Menschen zu erinnern. Diese Menschen kennen wir gelegentlich mit Gesicht und Namen, meist sind sie für uns namenlose Geschöpfe, im Wohnzimmer vorgeführt bei jeder Kriegshandlung und jeder Katastrophe. Der Prototyp dieses leidenden und gequälten Menschen ist Christus, wie er aus dem Haus des Pilatus vor die Menge geführt wird und dieser ihn vorstellt: »Da – der Mensch« (Übersetzung: Fridolin Stier). Wir sind uns einig: der Schmerzensmann gehört in das Mittelteil des Hungertuches. Sieger Köder will ihn hinter und zwischen einen Vorhang treten lassen. Der »Stoff« des Hunger-Tuches sollte so den Stoff abgeben für die Geschichte zwischen den Menschen sowie zwischen Gott und den Menschen. Am liebsten verdecken wir ja das Leiden, schieben es weg und die Leidenden ab. Der Vorhang hilft beim Verbergen, beim Zudecken, beim Vergessen. Der Vorhang zwischen Gott und Mensch! Warum verbirgt sich Gott angesichts der unermeßlichen Leiden in der Welt? Verbirgt er sich wirklich im notleidenden Bruder, in der hilfebedürftigen Schwester? – Beim nochmaligen Schreien reißt der Vorhang im Tempel von oben bis unten entzwei, und Jesus haucht den Geist aus (vgl. Mt 27,50 f). Hat Jesus mit seinem Tod einen Weg geöffnet? Gibt es im Blick auf den Schmerzensmann Hoffnung?

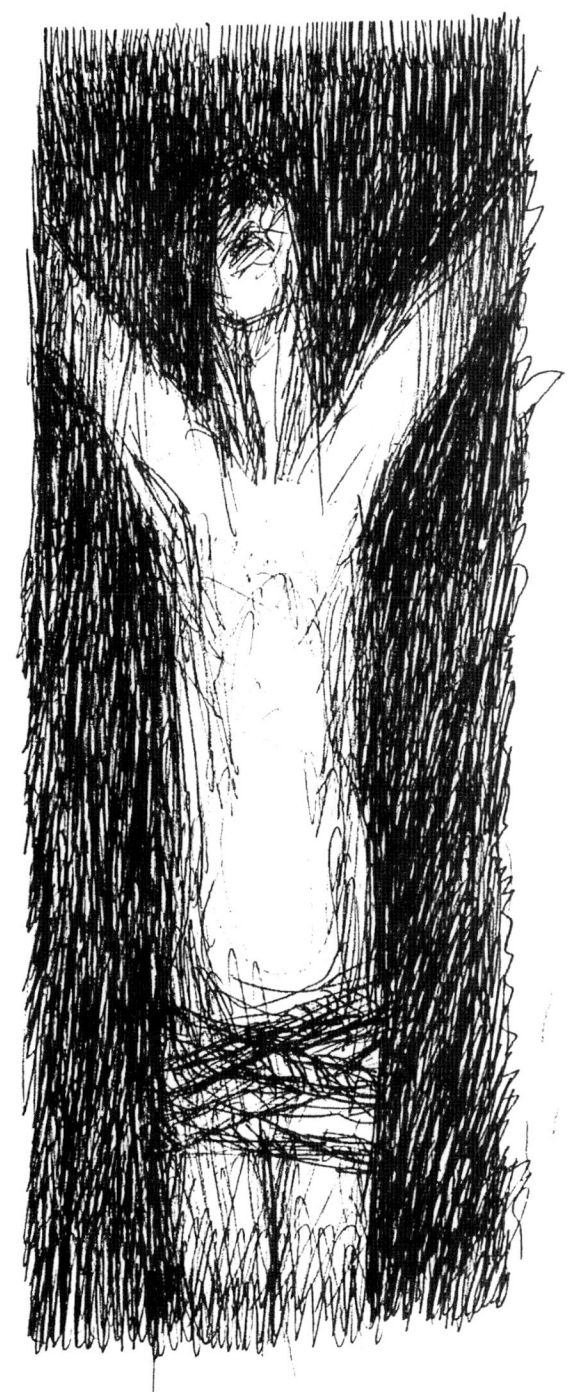

Der linke Flügel

Die Arbeit von Misereor ins Bild bringen, heißt, erzählen von der Selbstbehauptung und vom Selbsthilfewillen gerade bei den Ärmsten der Armen. Noch im schlimmsten Elend beschämen sie uns mit ihrer für uns oft aussichtslosen Hoffnung. Wir waren uns in der Runde bald einig, welche biblischen Geschichten sich mit dem Auftrag von Misereor, den Hoffnungslosen Hoffnung zu schenken, in Verbindung bringen lassen.

Auf dem linken Flügel des Misereor-Triptychons entschieden wir uns für das Arche-Motiv sowie die Exodusgeschichte, symbolisiert durch Mirjam, die Schwester Aarons.

Das Arche-Motiv

Mit der Flut des Todes wollte Sieger Köder ein aktuelles Sintflutbild malen: der versinkende Öltanker, der ölverschmierte Kormoran als Symbole der gefährdeten Schöpfung, Werkzeuge des Krieges in Erinnerung an die eigene Lebensgeschichte als Soldat und Kriegsgefangener. Die Arche sollte ein zwar wackeliges, aber doch Schutz gewährendes Lebenshaus sein für die Noachs unserer Tage.

Mirjam

Die Exodus-Geschichte ist vor allem für die lateinamerikanische Kirche zur Schlüsselstelle der Erklärung von Ausbeutung und Befreiung geworden. »Der Herr sprach: Ich habe das Elend meines Volkes in Ägypten gesehen, und ihre laute Klage über ihre Antreiber habe ich gehört. Ich kenne ihr Leid. Ich bin hinabgestiegen, um sie der Hand der Ägypter zu entreißen« (Ex 3,7–8).

Es sollte die dritte Mirjam sein, die Sieger Köder malt. Diesmal wollte er sich inspirieren lassen vom Lied seines Dichterkollegen Wilhelm Willms: »Wenn das rote Meer grüne Welle hat, dann ziehen wir frei, heim aus dem Land der Sklaverei. Wenn der Stacheldraht rote Rosen trägt, dann bleiben wir hier, weil sich das Land gewandelt hat.«

Der rechte Flügel

Beim rechten Flügel des Misereor-Triptychons ließen wir uns von einem Köder-Fenster auf der Südseite der Hohenberger Kirche inspirieren. In leuchtend roten Farben wird dort die Emmausszene sowie die Begegnung Jesu mit den Jüngern am See gezeigt.

Tischgemeinschaft

Menschen unterschiedlicher Kulturen an einen Tisch zu bekommen, ihnen nicht nur die sprichwörtlichen Brosamen vom Tisch der Reichen abzugeben, sondern sie gleichberechtigt an eine reichgedeckte Tafel zu laden: das ist Auftrag und tägliches Bemühen der durch Misereor geförderten Solidaritätsarbeit. Sieger Köder wollte diese Tischrunde malen als reale Tischgemeinschaft. Gleichzeitig kam dann sein symbolischer Hinweis auf die eucharistische Tischgemeinschaft, ins Bild gebracht durch die Hände des Gekreuzigten und Auferstandenen, durch sein Spiegelbild im Inhalt des Bechers sowie durch die fünf Brote und zwei Fische.

Betesdateich

Der Vorschlag zum zweiten Bildmotiv im rechten Flügel des Misereor-Hungertuches

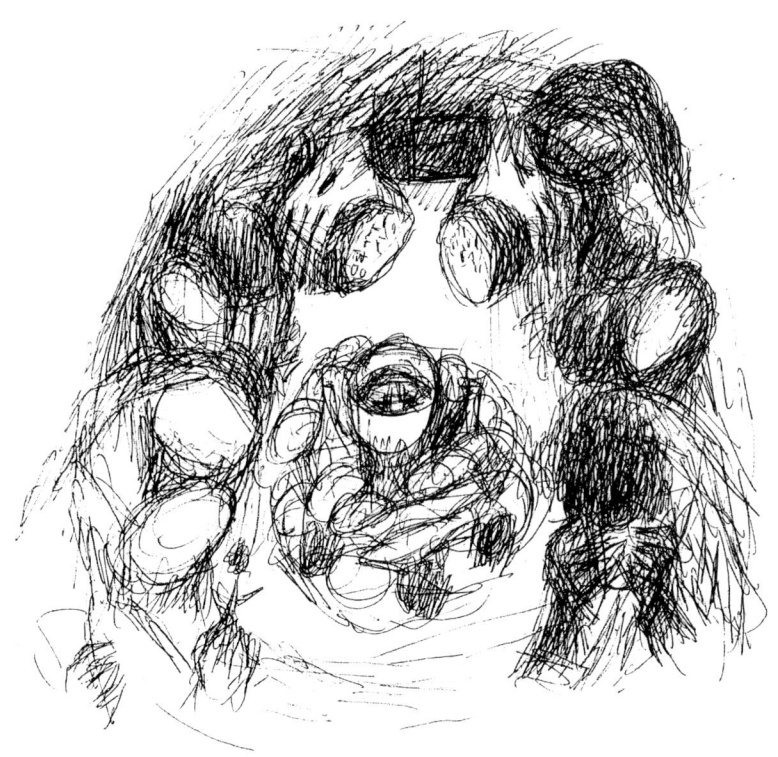

stammt von Prof. H. Leroy aus Augsburg, dem Maler-Pfarrer Sieger Köder seit der gemeinsamen Tübinger Zeit eng verbunden. Er hatte sich der Runde schriftlich zugesellt mit der Idee, die Heilung des Kranken am Betesdateich darzustellen. Für S. Köder war dies ein ikonografisches Novum. Menschen finden durch ihre gegenseitige Hilfe zum Wasser des Lebens. Ein Lahmer und Blinder sollte das Misereor-Hungertuch als Medium benutzen, um den Betrachter zu fragen: Wer hilft mir?

So ist das Hungertuch entstanden. Zuerst nur in den Köpfen, als Idee, vom Künstler aber jeweils rasch mit wenigen sicheren Strichen

im Zeichenblock festgehalten. Schon drei Tage später sollte der Schreiner kommen, die Leinwand auf Holz spannen, damit der Künstler seine Ideen umsetzen konnte.

Auf halbem Weg

Irgendwann im September 1994 rief Sieger Köder bei Misereor an. Er wäre mit dem Malen so weit gekommen, daß wir uns die Skizzen anschauen könnten. Wenn sie uns gefielen, dann sei's recht. Wenn nicht, dann sollten wir darüber reden, was anders werden könnte. S. Köder empfängt uns und führt uns in die Kellerräume des Gemeindehauses. Dort befindet sich sein »Atelier mit Südlicht«. Das Hungertuch nimmt die ganze Wand ein. Der Schmerzensmann ist bereits fest konturiert und koloriert. Aus dem blauschwarzen Hintergrund hebt sich der »Ecce homo« ab. S. Köder erklärt uns, warum er das Gesicht des Gemarterten in dieser Haltung gemalt hat: »Das Gesicht, das sprechendste am Menschen, ist hier in die Nacht des Leidens abgetaucht.«

Wieder diskutieren wir in der Runde, wieder wird die Bibel zu Rate gezogen, wieder greift der Maler zum Pinsel, um mit kleinen Strichen Änderungen anzudeuten, wieder nimmt er den Skizzenblock, vor allem um die noch unfertige Betesda-Szene zu erläutern.

Ein großes Anliegen für Sieger Köder ist, die einzelnen Bildmotive untereinander zu verbinden.

Regenbogen

Der Regenbogen ist so eine Klammer. Wir finden ihn über der Arche, im Kleid der Mirjam, im Hemd des Indiojungen bei der Tischgemeinschaft und schließlich auf den Kopf gestellt im Wasserspiegel des Betesdateiches. Der Regenbogen steht für die Bundestreue und Zusage Gottes, die Armen und Ausgegrenzten nicht im Stich zu lassen.

Wasser

Ein weiteres verbindendes Element ist das Wasser. Auch wenn das Hungertuch kein »Wasserhungertuch« werden soll, auch wenn es mit diesem Thema keine bestimmte Botschaft verbindet, so wird diesem Element doch so viel Platz eingeräumt, daß unschwer eine Brücke zum Thema der Misereor-Fastenaktion '96 geschlagen werden kann.

Da ist das tödliche Wasser der Sintflut, das zum toten Wasser einer Zivilisation wird, die verschmutztes Wasser um den Preis eines fragwürdigen Fortschritts hinnimmt.

Mirjam tanzt auf dem mächtigen, durch Rot und Grün verfremdeten Wasser. Dieses Wasser hat die Israeliten wie eine Mauer vor den Ägyptern geschützt, und jetzt bringt es eine stachelbewehrte Mauer zum Einsturz. Es handelt sich um befreiendes und um rettendes Wasser.

Bei der Mahlszene steht Wasser auf dem Tisch, sauberes Trink- und Quellwasser, das der Gesundheit und dem Leben dient. Gleichzeitig gehört der Wein dazu, ein Hinweis auf das eucharistische Mahl.

Beim Betesda-Bild bedeutet das Wasser für die Kranken und Ausgegrenzten Heilung und Hoffnung. Das durch Jesus geschenkte Leben gleicht dem Wasser, das im Menschen zur sprudelnden Quelle wird und hinüberreicht in die Ewigkeit (Joh 4,14).

Am liebsten würde der Maler dem Schmerzensmann die Worte in den Mund legen: »Mich dürstet« (Joh 19,18). Wasser rinnt aus seiner Seitenwunde. Wasser als Grundsymbol des Lebens wird hier zum Erkennungszeichen des eingetretenen Todes.

Wundverband

Die verletzte und verbundene Hand auf dem Arche-Bild, beim Indiojungen (mit dem Regenbogen-Hemd!), bei der Tischgemeinschaft sowie beim hilfsbedürftigen Afrikaner in der Dreiergruppe des Betesdabildes verweist auf die soziale Dimension der biblischen Botschaft. Die konkrete Sorge um die Hungrigen, die Nackten, die Kranken etc. (vgl. Mt 25,31 f) wird zur Nagelprobe für eine ernsthafte Christusnachfolge.

Seelsorger und Maler

Beim Abschied ermuntert uns Sieger Köder, die Arbeiten zu begutachten, an denen er, parallel zum Hungertuch, arbeitet.

Da sehen wir in einem Raum des Gemeindehauses zahlreiche Krippenfiguren, die S. Köder gemeinsam mit Frauen seiner Gemeinde bastelt. Vorbilder sind alte Figuren aus Holz, bekleidet mit schönen Stoffgewändern, die aber durch zusätzliche Charaktere ergänzt werden sollen. Erste Werke stehen bereits auf dem Tisch. Die Figuren bestehen aus Draht, Pappmaché, Leim und Farbe, alles preiswerte Materialien, die sich die Gemeinde leisten kann. Wir können wenig Unterschiede erkennen zu den Vorbildern und merken bald, welch pädagogisches Naturtalent hier am Werke ist, dessen Einfallsreichtum sich seiner Umgebung mitteilt und ihr hilft, eigene gestalterische Fähigkeiten zu entdecken.

Da ist das acht Meter hohe Wandgemälde in der Kapelle des Kinderdorfes »Marienpflege« zu Ellwangen. Ein Bild mit der ersten vom heiligen Franziskus nachgebauten Krippe in der Höhle von Grecchio soll für die Zeit von Weihnachten bis Lichtmeß Altarwand und Blickpunkt beim Gottesdienst sein. Wichtig für S. Köder ist der Wolf von Gubbio, den er lammfromm mit zum Gebet gefalteten Pfoten gemalt hat – zur Freude

sicherlich der um den Altar versammelten Kinder und zum sichtlichen Vergnügen des Malers! Wir verabschieden uns und hoffen, daß er nicht noch von der Hebebühne fällt, die ihm das mühsame Herumklettern am 8 m hohen Wandgemälde erleichtern soll.

SK

Am 19. Januar 1995 treffen wir uns – nach einem Kurzbesuch vor Weihnachten – zum letzten Mal im Haus des Malers. Die Geschenke zum 70. Geburtstag vom 3. Januar türmen sich immer noch auf Tisch und Stühlen. Aber das Hungertuchbild ist fertig – fast fertig. Unten in der Ecke steht sein Erkennungszeichen: SK. Wir freuen uns an den leuchtenden Farben und den fünf Bildern, die so viel erzählen. Wir können nachvollziehen und unterstreichen, was H. Baumhauer zu den Köder-Bildern gesagt hat: »Je mehr ein Bildinhalt die Grenze zur bloßen Augenweide ... überschreitet, desto strenger ist den bildnerischen Mitteln auch die Aufgabe der Nachvollziehbarkeit aufgetragen: Ein Bild muß »sprechen«, wenn es Wirkung haben soll. S. Köder hat dieses Postulat nach Übereinstimmung von Bildinhalt und gestalterischen Mitteln von Anfang an ernstgenommen.« Köder selbst sagt es mit einfacheren Worten: »Ein Bild muß aus dem Gewissen heraus und von der Machart her wahr sein.«

Sieger Köder – wir haben ihn als einen selten uneitlen Mann kennengelernt, auch wenn es ihm erlaubt ist, sich »hählinge« (hoch-

deutsch: im stillen Herzenskämmerlein) über Zuspruch und Resonanz zu freuen.

Wir haben ihn erfahren als Künstler und Seelsorger, dem nicht nur die Malerei Dienst an den Menschen bedeutet.

Wir haben ihn erfahren als einen Schwaben voller Gelassenheit und Humor, der mit Frau Helmle zusammen ein offenes Haus führt, in dem sich Gäste wohlfühlen können.

Daß sein Hungertuch Freude und Hoffnung vermittle, vor allem in Stunden der Bedrängnis, das wünschen wir ihm und uns allen.

Erwin Mock

Sieger Köder – Maler biblischer Bilder

»Mit den tiefsten Geheimnissen des Glaubens ist es wie mit dem Licht der Sonne: Hineinschauen kann man nicht; aber in ihrem Licht sehen wir alles anders.« Dieses Wort, dieses Erfahrungswissen des Gilbert K. Chesterton möchte ich als Motto über meine Seh-Versuche und Seh-Hilfen zum Werk und Wirken von Sieger Köder stellen. Das ist auch meine Erfahrung im Umgang mit ihm und seinen Bildern, vor allem seinen biblischen Bildern: Vom Glauben zum Schauen, zu einer Schau, die tiefer blicken läßt, die zu höherer, tieferer Einsicht führt, wie Herbert Leroy es in »Bild und Gleichnis« genannt hat: »Anschauende Erkenntnis«. Wem das weder psychologisch noch gar philosophisch nachvollziehbar erscheint, dem möchte ich ein Lesezeichen in die Hand geben mit der lateinischen Inschrift: »Sit venia verbo« – »Bitte seien Sie geduldig mit den Begriffen«. Es ist alles mit Bedacht so gesagt, weil es von mir so gedacht worden ist. Anschauung, Vorstellung und Begriff. Es muß sich erst erweisen, wie weit wir kommen mit dem Versuch, in Worten Sehhilfen zu geben. Erst wenn wir ganz im Bild und zum Schauen gekommen sind, wird es sich erweisen, ob es diese »anschauende Erkenntnis« gibt und was sie beinhaltet.

Sieger Köder möchte und muß auch in seinem explizit biblischen Œuvre sein und bleiben können, was er ist: Maler von ganzem Herzen. Ich kenne ihn seit dem Beginn seines Studiums der Theologie 1965 im Wilhelmsstift in Tübingen und kann nur sagen, das war so und ist so geblieben – gottlob bis auf den heutigen Tag. Trotz seiner vielen großen, verantwortungsvollen Aufgaben als Pfarrer und Gemeindeleiter (von zwei Gemeinden mit 1200 und 600 Seelen), als Liturge, Prediger, Lehrer, Vorbeter, eben als Priester und Mitchrist mit jung und alt, in Freud und Leid, in Not und Segen, in Hoffnung und Glaubensnot, im Sterben und Geborenwerden. Ganz im Sinne St. Augustins : »Mit euch bin ich Christ, für euch bin ich Bischof« (sit venia verbo), war und ist Sieger Köder auch jetzt noch als Pensionär zu Diensten – auch außer Diensten -, aber er war doch und blieb doch und wurde doch immer mehr: Maler, der »Maler-Pfarrer«, wie manche der Kürze halber, aber treffend sagen. Was Wunder, daß in seiner Hand alles zum Bild gerät, auch der

Umgang mit der Heiligen Schrift des Alten und des Neuen Testaments. Am schönsten für den Meister selbst in: *Die Bibel mit Bildern von Sieger Köder* und noch vorher und zuerst in: *Sieger Köder, Eine Tübinger Bibel in Bildern.*

Die Tübinger Bibel in Bildern

Ich kann mich noch gut erinnern: In jedem Zimmer im Wilhelmsstift zu Tübingen hing ein Sieger Köder, ein Tübinger Bibelblatt. Die Tübinger Bibel, nicht nur ein Geschenk, sondern im Ursprung sogar eine Geschenkidee. Für den Meister Sieger Köder selbst etwas wie »learning by doing«. Wie sollte er sein Zweitstudium in Theologie anders als malend bewältigen! Geschenk an seine Kurskollegen zuerst, aber bald an viele andere, gerade auch im Münchner Auswärtssemester, in dem die Arbeit an der Tübinger Bibel in der Hauptsache geleistet wurde. Für seine Kommilitonen und wachen Zeitgenossen, Freunde und Gönner war es ein »learning by seeing«. Um es noch konkreter zu sagen – als damaliger Repetent und Spiritual im Wilhelmsstift weiß ich, wovon ich rede –, die vielfältigen Formen im Umgang mit der Schrift wurden allesamt damals in ihrer Fülle, in der Gemeinschaft der Studierenden der Theologie und im Haus (Wilhelmsstift) erlernt und erprobt. Angefangen vom wissenschaftlichen Umgang (Exegese), vom systematischen und bibel-theologischen Umgang mit der Heiligen Schrift, vom liturgischen Umgang in Verkündigung und Predigt, vom Umgang mit der Bibel in Grup-

Tübinger Bibel, Der Schreiber des Zweiten Petrusbriefes

Tübinger Bibel, Mein Vater war ein heimatloser Aramäer (Dtn 26,5)

pen und Bibelkreisen (vgl. Professor-Fridolin-Stier-Kreis), vom meditativen Umgang mit der Bibel, der täglichen Betrachtung bis hin zu den Puncta Meditationis. Die Tübinger Bibel des Sieger Köder war im eigentlichen Sinn des Wortes »der geheime Spiritual«. Man könnte auch sagen, Sieger Köders Tübinger Bibelbilder waren die besten Puncta Meditationis. Schlüsselbilder, Erschliessungsbilder, Erschließungssituationen und Schlüsselworte: »So kannst du dich von der Zuverlässigkeit der Botschaft überzeugen, in der du unterwiesen wurdest, Theophilus« (Lk 1,4). »Zuverlässigkeit« meint hier nicht »Sicherheit« (die doch meist trügt), nicht das sichere Wissen, eher schon Lebenswissen und Lebensweisheit, die geschenkt ist, jedenfalls mehr als erworben und verdient. Verläßliches Wissen, zuverlässiges, persönlich vermitteltes Zeugnis, Glaubens- und Hoffnungsgewißheit, Vertrauensglauben ist gemeint. Wie soll das gehen ohne anschauende Erkenntnis, wie ohne Erkennen in Bildern?

Die Reihenfolge der 49 Bilder der Tübinger Bibel von Sieger Köder scheint auf den ersten Blick mehr oder weniger zufällig gewählt zu sein. Den Bibelkundigen und auch weniger Bibelkundigen überrascht zunächst, daß das Buch gar nicht vorne anfängt, mit der Erschaffung der Welt und des Menschen. Natürlich fängt das Buch vorne an, aber vorne ist hinten, eben wie in der Bibel: Vorne das jüngste Buch der Heiligen Schrift, das uns nicht nur zeitlich am nächsten steht, der Zweite Petrus-Brief und die Apostelgeschichte, bis rückwärts-vorwärts-schreitend zum ältesten Glaubensbekenntnis Israels: »Mein Vater war ein wandernder Aramäer« (Deuteronomium 26,5). Dadurch gerät der Betrachter, Leser, Anschauer in eine Bewegung, die innerhalb der biblischen Schriften selbst spürbar ist. Jeder biblische Schriftsteller schaut aus seiner Gegenwart in die Vergangenheit, in der er im Sinne der bleibenden Gegenwärtigkeit Gottes Handeln erkennt. Die Real-Präsenz der Gegenwart des Gottesreiches, das sich bis in seine Zeit auswirkt und auslegt, d. h. sein Licht wirft in die unmittelbare Gegenwart des erschließenden Augenblicks, der gleichzeitig aufscheinen läßt, welche Verheißung und Lebenskraft darin liegt, auch über Vergehen und Tod hinaus nach dem Motto: »Ich will euch Hoffnung und Zuversicht geben«, oder nach dem Wort Jesu Christi selbst: »Ich bin das Licht der Welt.«

Bei den Bildern der Tübinger Bibel handelt es sich formal um Metallätzungen, eigentlich also kein Tiefdruck-, sondern ein Hochdruckverfahren. Da ist zuerst die Skizze, aber dann das schwere, glatte, platte, flache, flächige Metall, ungeätzt und nur geschwärzt, nichts als Nacht. Kunst ist aber nicht nur Fläche und Farbe, Kunst ist anwesendes Licht. Nach dem Motto des Johannes-Prologs: »Und das Licht kam in die Finsternis.« Wie die Platte langsam Kontur gewinnt, wenn sie aus dem Säurebad herausgenommen wird, so hat das Licht auch über dem Dunkel und dem Chaos des ersten Schöpfungstages langsam Konturen geschaffen, Formen, Bilder gebildet. Was sich im Text bzw. in den Texten und Worten der Heiligen Schriften im Buch der Bücher – der

Maria aus Magdala am Ostermorgen

Bibel – niedergeschlagen und abgebildet hat in Worten, Symbolen, Begriffen, Erzählungen, kleinen und großen literarischen Formen, das läßt sich nachzeichnen mit dem Griffel oder Pinsel, als Linie nachvollziehen oder ausziehen, darstellen, abbilden, anblicken, anschauen und einsehen. Wort und Bild ist Bild und Gleichnis einer, erst recht der Situation eines Augenaufschlags, oft auch einer Augenwende, eines Perspektivenwechsels. Wir sagen ja umgangssprachlich auch: »Da gehen mir die Augen auf«. Wie Sieger Köder es abgebildet hat in den Augen der Maria von Magdala am Ostermorgen oder auch im Angesicht und Anblick der Jünger von Emmaus: »Da gingen ihnen die Augen auf und sie erkannten ihn« (Lk 24,31).

Es ist faszinierend (zugegeben für den Theologen bestimmt noch mehr als für den Nicht-Theologen), die Faszination noch einmal miterleben zu dürfen, mit der der Künstler – und seit 1965 professionelle Theologe – Sieger Köder den neuen Umgang mit der Bibel gelernt hat. Sehr bald hat er, wie in seiner Kunst so auch in seiner Theologie, zu einer Handschrift, zu seiner Handschrift, zu wahrer Originalität im Umgang mit biblischen Bildern gefunden. Er hat eine Sicht entwickelt, die methodisch der exegetischen Arbeitsweise entspricht. Professor Herbert Leroy, damals Assistent des Tübinger Neutestamentlers Karl-Hermann Schelkle, hat nicht nur persönlich Anteil an dieser exegetischen Kunst und Arbeit, er hat dies auch in seinem Beitrag in »Bild und Gleichnis – Werke von Sieger Köder« fachkundig beschrieben und auf den Begriff gebracht: »Je

sorgfältiger alle Möglichkeiten wahrgenommen werden, die der Text gestattet, um so zuverlässiger kann das Wort gehört werden.« Für Sieger Köders Arbeit kann das Wort und darf es abgewandelt werden: Je sorgfältiger alle Möglichkeiten wahrgenommen werden, die der Text gestattet, um so zuverlässiger kann das Wort gesehen, angeschaut, eingesehen, durchschaut werden. Die verschiedenen Schichten des biblischen Textes werden zu Bildmotiven, die neben- oder voreinandergesetzt dem Bild die inhaltliche Tiefe und Höhe geben, die dem Text entspricht, die der Text ausspricht, mit der der Text anspricht.

Professor Dr. Rolf Baumann zeigt in seinem Beitrag »Biblische Auslegungen zum Misereor-Hungertuch«, abgedruckt im Misereor-Arbeitsheft »Das Misereor-Hungertuch ›Hoffnung den Ausgegrenzten‹«, diese theologische Kunst auf, und zwar so, daß sie – das ist die höchste Kunst der Theologie – hinter das Bild zurücktritt bzw. Form und Inhalt und Bild freigibt, ein einfühlsamer, rücksichtsvoller, dem Theologen und Maler Sieger Köder entgegenkommender und entsprechender methodischer Dreischritt: Die Vorgabe der Bibel, die Übersetzung des Hungertuchs, Impulse für uns. Auch Hermann Baumhauer hat 1990 in der Osterbeilage der »Schwäbischen Post« unter dem Titel »Die Sprache der Bilder« sowie in seinem Beitrag »Kunst ist nicht Selbstzweck« in »Bild und Gleichnis« zum Werk Sieger Köders auf diesen originellen und einsichtigen Umgang mit Wort und Text, mit Bild und Gleichnis der Bibel hingewiesen.

Die Bibel mit Bildern und das Misereor-Hungertuch von Sieger Köder

So geführt und bereit, sich so führen zu lassen, kann es zu jener eingangs erwähnten »anschauenden Erkenntnis« kommen. Was ich im Umgang mit Sieger Köders »Tübinger Bibel in Bildern« im eigenen Leib und Leben erfahren habe, das müßte nun nicht nur an diesem einen Exempel, sondern exemplarisch weitergeführt werden, zunächst an der (schon erwähnten) »Die Bibel mit Bildern« von Sieger Köder, hrsg. vom Schwabenverlag. Ich weiß, daß die Chance und der Auftrag zu diesem Werk, ähnlich wie auch zum Misereor-Hungertuch »Hoffnung den Ausgegrenzten«, dem Maler-Pfarrer Sieger Köder persönlich am nähesten ging. Mit und in diesen Aufträgen sah er sich erkannt und verstanden. Nichts würde dieser ehrlichen Haut zu mehr Freude verhelfen, als daß es auch so erkannt und verstanden werden würde. Weil dem so ist, wage ich hier zu behaupten, daß mit dem von Rolf Baumann vorgeschlagenen Dreischritt als Weg zum Schauen und Erkennen, Betrachten und Betroffenwerden, Sehen, Einsehen, Urteilen und Handeln nach der Betrachtung des Misereor-Hungertuchs von Sieger Köder auch ein Weg eröffnet ist zum anschauenden Erkennen und zur verständigen Anschauung all der anderen biblischen Werke, biblischen Bilder und Gleichnisse, biblischer Geschichte und Traditionen, biblischer Schätze und Pretiosen, biblischer Quellen und Ströme, biblischer Linien und Perspektiven, biblischer Einblicke und Ausblicke, manchmal hart am biblischen Urgestein und den biblischen

Stammbaum Jesu

Wurzeln, manchmal assoziativ und wie von Kindeshand hingemalt, noch im äußersten Zweiglein am Baum. Immer absichtsvoll, nie absichtslos, nur mit dem Anspruch, der sich im Wort selbst ausspricht, im Wort und im Leben, in dem das Wort Fleisch geworden. »Und das Wort ist Fleisch geworden und hat unter uns gewohnt, und wir haben seine Herrlichkeit gesehen, die Herrlichkeit des einzigen Sohnes vom Vater, voll Gnade und Wahrheit« (Joh 1,14).

Der gekreuzigte Gerechte

»Ecce homo«: Dieses Bild und Gleichnis steht in der Mitte des Misereor-Hungertuches. Es ist die Mitte. Die reale Präsenz der Gottesgegenwart. In äußerster Ungerechtigkeit, im Leid, im Vergehen und Tod. Das Bild des absoluten Gerechten. Noch mehr, des Barmherzigen, des Liebenden. Die Liebe selbst. »Glaubhaft ist nur Liebe.« Nur dieses Bild darf in der Mitte stehen.

Altarkreuz in St. Maria Suso, Ulm

Die Altarbilder

Nach dem Kreuz und dem Bild des gekreuzigten Gerechten folgen bzw. mit dem Kreuz und dem Bild des gekreuzigten Gerechten kommen die großen Altarbilder, die Offenbarung des unaussprechlichen Gottesnamens im Altarbild der Hauskapelle im Johanneum in Tübingen, die großen Flügelaltäre in Wasseralfingen und Rosenberg. Zum Altar und zum Kreuz, zum Gipfel des Kalvarienbergs nach Golgatha gehören die

Kreuzwege. Gerade im Zusammenhang mit dem Misereor-Hungertuch »Hoffnung den Ausgegrenzten« verdienen die Kreuzwege, von der Hand Sieger Köders geschaffen, z. B. in St. Maria Suso, Ulm, in Bensberg und in Rosenberg, gesondert veröffentlicht zu werden. Da sie in ihrer Darstellung der Leidensstationen das Leiden aller Kreatur und die unaussprechlichen Leiden der Menschen des 20. Jahrhunderts, Hunger und Durst,

Krieg und Gewalttat, Folter und Konzentrationslager, Vergewaltigung und Verbrechen beim Namen nennen. Wie der Beter des Psalms seine Not herausschreit und anruft den Namen des Herrn, der sich auch sehen läßt im Antlitz des gekreuzigten Gerechten, als der Gott des leidenden Gottesknechts, als der Gott und Vater unseres Herrn Jesus Christus, von dem der Prophet und Jesus selbst bekannt haben: »Barmherzigkeit will ich, nicht Opfer« (Mt 9,13). Und das ist die Botschaft: »Die Barmherzigkeit triumphiert über das Gericht« (Jak 2,13). Ist diese Botschaft der Kreuzwege von Sieger Köder nicht auch die Botschaft des *Misereor-Hungertuchs »Hoffnung den Ausgegrenzten«,* Bild und Abbild des Kreuzwegs der Menschheit unserer Tage?

Heinz Tiefenbacher

Altarbild im Johanneum, Tübingen
»Der brennende Dornbusch«

Was ist Kunst? –
Einige grundsätzliche Gedanken zum Hungertuch von Sieger Köder

»… wenn gesagt wird, ich kann mich zu dem Bild nur als Person verhalten und nicht als Ästhet oder irgendwie als Kenner oder was es auch immer sei, das sind dann wirkliche Erfahrungen und … diese Erfahrungen sind elementar. Ob das Kunst ist oder keine Kunst, spielt vor diesen Erfahrungen im Grunde genommen kaum eine Rolle. Die Frage ist, wie intensiv Sie betroffen werden von Erscheinungen, die Sie nicht für möglich gehalten haben, die Sie anderswo nicht machen können, und durch die Sie bis zu einem gewissen Grad aus der rationalen Welt, wie wir sie messen und mit Meßdaten umgehen und kalkulieren und das Machbare machen, mal einen Moment herausgehoben werden, um sozusagen aus dieser mechanisierten Welt auf unser eigenes … metaphysisches Ich gerichtet zu werden. Das will der Maler …«

I.

Der hochangesehene Bochumer Kunsthistoriker Max Imdahl († 1988) hat in den Jahren 1979 und 1980 mit Arbeitern der Bayer-Werke in Leverkusen Seminare über moderne Kunst abgehalten, die protokolliert und veröffentlicht wurden (unter dem Titel: Arbeiter diskutieren moderne Kunst, Rembrandt-Verlag Berlin 1982). Imdahl gelingt es in beeindruckender Weise, seine Gesprächspartner für Werke von Picasso, Josef Albers, Piet Mondrian, Barnett Newman u. a. m. zu interessieren und sie zu erstaunlichen Einsichten und Erfahrungen zu führen. Geradezu stereotyp wird dem Kunst-Professor aber in fast jedem Seminar entgegengehalten: Das ist ja interessant, geradezu spannend, hätten wir gar nicht gedacht, aber – ist das denn Kunst? Und Imdahl antwortet fast immer wie im eingangs angeführten Zitat: ob »Kunst« oder »keine Kunst«, das ist nicht die entscheidende Frage! Viel wichtiger ist, so sagt er an anderer Stelle, der »Nachdenklichkeitswert« oder auch die mögliche Betroffenheit durch eine Erfahrung, die man sonst nicht machen kann, oder die Beunruhigung durch etwas, womit man nicht fertig wird. Noch einmal »Originalton Imdahl«: »Verstehen Sie, ich will Ihnen das ja auch gar nicht als Kunst verkaufen. Sondern ich will es Ihnen verkaufen als eine Information, die sonst nicht zu haben ist … Und wenn das dann sozusagen die einen in ihrer Sicherheit verunsichert und die anderen in ihrer Unsicherheit versichert, dann sind das, glaube ich doch, schon Sachen, die man nicht schön finden muß, die einen aber doch nachdenklich stimmen und bewegen können.«

II.

Gebeten, als Kunsthistoriker – sozusagen mit der Autorität des akademisch geprüften Fachmannes – etwas zum Misereor-Hungertuch von Sieger Köder zu sagen, kam mir sofort die Position in den Sinn, die mein Doktorvater Max Imdahl in den oben zitierten Gesprächen über moderne Kunst bezogen hat. Wenn es darum geht, S. Köders oder andere Arbeiten, die im kirchlichen Auftrag mit einem theologischen Programm und kerygmatischen Intentionen entstehen, zu bewerten, dann scheint es mir auch da wenig sinnvoll zu fragen, ob das »Kunst« sei. Natürlich ist unübersehbar, daß sich diese Werke von dem unterscheiden, was im öffentlichen Raum als »Kunst« gilt. In der »Kunst von heute« – wenn man das so pauschal sagen darf – sind narrative Elemente eher selten, »Ereignisbilder«, die auf die Veranschaulichung einer historischen Situation oder einer literarischen Fiktion zielen, sind absolute Ausnahmen. Überhaupt sind dieser Kunst begrifflich-thematische Vorgaben und engere Intentionen fremd. Ihr sind vielmehr künstlerische Autonomie, Subjektivität von Künstler und Rezipient, Offenheit und Unabgeschlossenheit zu Recht wichtige Wesensmerkmale: »Kunst ist machen und

nicht wissen, was«, hat Georg Meistermann einmal treffend und provozierend den Sachverhalt formuliert.

Ich möchte hier gleich Farbe bekennen und betonen, daß ich es für wichtig und wünschenswert halte, daß auch solche »freie« Kunst in kirchlichen Kontexten wahrgenommen wird und womöglich in kirchlichen Räumen Platz findet. Das muß aber doch nicht heißen, daß es dort keine Werke geben sollte, die enger an spezifische Glaubensthemen und gemeindliche Funktionen gebunden sind. Solange man es für legitim und angemessen hält, daß im Raum der Kirche verkündigt und gepredigt wird, kann es doch nicht von vornherein falsch sein, wenn man dafür auch nonverbale Ausdrucksmöglichkeiten sucht und die Sprache der Bilder »zu Wort« kommen läßt. Wenn man solche »Kunst« grundsätzlich als »Gebrauchskunst« diffamiert, bringt man sich insbesondere um die Möglichkeit, unterschiedliche Qualitäten wahrzunehmen und das Bessere vom Schwächeren zu trennen. So öffnet man erst recht dem Oberflächlichen und Kitschigen Tür und Tor.

III.

Es stellt sich natürlich die Frage nach den Kriterien. Und ich meine, daß einige der Kategorien, die Max Imdahl für die moderne Kunst benannt hat, durchaus geeignet sind, als Meßlatte auch für die »Kunst« im kirchlichen Gebrauch zu dienen. Ich wiederhole nur einige Stichworte: Nachdenklichkeitswert, Betroffenheit, elementare Erfahrung, Verunsicherung, Ausrichtung auf das »metaphysische Ich«.

Natürlich sind dies durchweg Merkmale, die sich einer objektiven, rational zwingenden Bestimmung entziehen. Wo der eine betroffen ist, zuckt der andere mit den Schultern, was den einen nachdenklich stimmt, mag ein anderer uninteressant finden. Beurteilen aber läßt sich zumindest annäherungsweise, ob Strukturen und Elemente des Bildes diese »subjektiven« Möglichkeiten begünstigen.

Ich glaube, daß man dies für Sieger Köders Hungertuch sagen kann, weil es eine große Spannung enthält, die sich letztlich nicht auflösen läßt und die sich gegen »glatte« Synthesen sperrt.

Kulminationspunkt und sinnenfälligster Ausdruck dieser Spannung im Hungertuch ist der Kontrast zwischen den vier stark farbigen Bildfeldern rechts und links und dem düsteren Mittelfeld mit dem Schmerzensmann. Vereinfacht gedeutet: Fröhlich wirkende Buntheit suggeriert Freude über die Erlösung, Hoffnung, Gemeinschaft, Solidarität; und dazwischen drängt sich das Dunkel der Verzweiflung, des Leidens, der Gottverlassenheit. Hier braucht keine umfassende Interpretation geleistet zu werden; aber soviel sei noch festgestellt, daß auch im längeren Hinsehen auf die einzelnen Bildfelder spürbar wird, daß diese Grundspannung dort je für sich in vielfacher Weise weitergeführt wird. Nirgendwo herrscht »eitel Sonnenschein«, ungetrübte Freude, sicheres Aufgehobensein in der Nähe Gottes. Das mag weh tun, ist aber ehrlicher – und letzt-

lich nur so heilsamer – Ausdruck unserer Lebensbefindlichkeit. Max Frisch hat 1947 – vor der Pietà Michelangelos in der Galleria dell' Accademia in Florenz – notiert: »Erst wenn das Gräßliche inbegriffen ist, beginnt die wahre Erlösung, die mehr ist als eine voreilige Harmonie.«

Die Unauflöslichkeit dieser Spannung, die »Brüche«, die sich daraus im Bild ergeben, sind deswegen zu betonen, weil solche Ambivalenz es ermöglicht, auch beim Hungertuch von Sieger Köder von einem »offenen Kunstwerk« zu sprechen, das eine grundsätzlich unabschließbare Interpretationsbemühung in Gang bringt.

Wenn sich die Inhalte des Bildes ständig wechselnd zwischen zwei extremen Polen bewegen, dann begünstigt dies zudem subjektive Zugänge, fordert sie geradezu heraus. Ganz unterschiedliche Befindlichkeiten können durch dieses Bild angesprochen und bestätigt, aber auch bestritten (!) werden. Das oben zitierte Bonmot Max Imdahls von der »Verunsicherung in der Sicherheit« und der »Versicherung in der Unsicherheit« läßt sich mit einigem Recht auch hier feststellen.

IV.

Die Würdigung des Hungertuches unter den Aspekten »Offenheit, Subjektivität, Verunsicherung« versteht sich als Plädoyer für einen entsprechenden Umgang mit diesem Werk in den Gemeinden, in der Pastoral. Der »Gebrauch« zur Illustration moralinsaurer Predigten und einfacher Antworten auf existentielle Fragen ist ein »Mißbrauch«. *Die didaktische Methode, die das Hungertuch fordert, ist der Dialog, das gemeinsame Suchen.*

Vielleicht führt dies dann zu einer »Betroffenheit«, die »Umkehr« zumindest möglich erscheinen läßt.

Ein letztes »Apropos«: »Betroffenheit« ist natürlich auch nur dann möglich, wenn sich der »Gebrauch« in Grenzen hält. Das Bild ist vermutlich schnell »verbraucht«, wenn man es ständig zur Besichtigung freigibt und als Dauerdekoration von Kirchenräumen und Kapellen benutzt. Das wäre nicht nur gegen die traditionelle Intention von Hungertüchern als »verhüllendes Bild« auf Zeit; ein permanenter Gebrauch bewirkt leider Gewöhnung, auch das aufregendste »Bild« würde seine Kraft, seine »Anstößigkeit« verlieren.

Herbert Fendrich

Annäherungen
an die Bilderwelt
des Hungertuches
von Sieger Köder

Regenbogen – Lebenszeichen

Walter Habdank sagte anläßlich einer Ausstellung seiner Bilder: »Es ist für unser Leben gut, einige Bilder auswendig zu lernen, um in schwierigen Situationen bestehen zu können.« Das Bild »Arche Noach« des Malerpfarrers Sieger Köder, ein Ausschnitt aus dem Misereor-Hungertuch »Hoffnung den Ausgegrenzten«, könnte zu solchen Bildern gehören. Fast jeder von uns kennt die Erzählung von Noach, der Arche und der Großen Flut, Sintflut genannt, die Geschichte vom Tod und vom Leben, die Geschichte der bedrückenden Angst, aber auch der alles überwindenden Hoffnung. Doch hat dieser biblische Bericht auch einen »Sitz« in unserem Leben? Was bedeutet mir diese Geschichte, die immer schon Menschen bewegte und auch die christliche Kunst inspirierte von ihren Anfängen in den Katakomben-Malereien Roms bis zu diesem Hungertuch?

Die Sintflut

Es spielt keine Rolle, ob die biblische Erzählung von der Sintflut eine Urzeitlegende oder ein mythisches Geschehen beschreibt, oder ob sie einfach die theologische Bedeutung verschiedener historischer Flutkatastrophen darstellt. Sie ist und bleibt eine Geschichte von höchster Aktualität, weil sie im Grunde immer und überall stattfindet. Sintflut erleben wir um uns herum, Sintflut erleben wir auch in uns selbst. Wir sagen: »Mir steht das Wasser bis zum Hals.«

Der Maler erlebte die größte Flut seines Lebens als Soldat im Krieg. Er erinnert sich gut und viele von uns mit ihm. Am unteren Bildrand taucht die Erinnerung an die schrecklichste Flut aller Zeiten unübersehbar vor unseren Augen auf: Die *Kriegsflut* mit zerschossenem Stahlhelm, Totenköpfen, Minen und Panzerfäusten. Wir tun gut daran, nicht zu vergessen und immer wieder zu fragen: Wie konnte diese Flut nur über uns kommen? Nicht billige Rechtfertigung, sondern allein aufrichtige Erinnerung hilft weiter. Die Verdrängung unserer vergangenen Sintflut-Erlebnisse könnte gefährlich werden.

Die Sintflut hat viele Gesichter. Unsere Wegwerfgesellschaft – im Bild ausgedrückt durch die weggeworfenen Büchsen – spricht von der *Müllflut*, die uns zu ersticken droht. Dahinter steckt die rücksichtslose Mentalität:

»Nach mir die Sintflut.« Ihr Name ist auch *Giftflut,* die längst schon Luft, Klima, Boden, Nahrung und den Menschen gefährdet. Der sinkende Öltanker im Hintergrund des Bildes, der das kostbare Wasser zur Pest werden läßt, ist ein erschreckendes Zeichen dafür. Noch mehr der ölverschmierte Vogel im Vordergrund, der mit seinem Todesschrei auszudrücken scheint, was Paulus im Römerbrief 8 beschreibt: »Die gesamte Schöpfung stöhnt« und möchte »von der Sklaverei und Verlorenheit befreit werden.« Der Angstschrei des Kormoran ist dem Schrei des Gekreuzigten, zu dem er aufschaut – hier im Ausschnitt nicht zu sehen –, nicht unähnlich.

Die Sintflut hat viele Gesichter. Eine *Reizflut* wie noch nie überschwemmt uns. Medienprogramme, Freizeitindustrie, Konsumverlockungen betäuben zwar unsere äußeren Sinne, die Flut unserer inneren Unruhe und Leere aber vermögen sie nicht zu beseitigen.

Noch einmal der Kormoran. Ich kann mich auch persönlich in ihm erkennen. Was schreit in mir auf nach Rettung, Befreiung? Der eine wird überflutet von zu viel Arbeit, versinkt im Streß und Leistungsdruck seiner Alltagsforderungen. Der andere dagegen fällt in Mutlosigkeit und Angst, weil er keine Arbeit mehr findet und am liebsten ganz untertauchen würde. Die Sintfluten sind eine Macht, aber keine Übermacht. Wer sich erinnert, wer über die Ursachen seiner äußeren und inneren Überflutungen nachdenkt, wird vielleicht auch in einer aussichtslosen Situation noch den Spalt einer Aussicht entdecken. Die uralte Geschichte der Sintflut setzt uns auf diese Hoffnungsspur.

Der Fels

Mitten im Bild, herausragend aus der großen Flut, ein Fels. In der Einheitsübersetzung lesen wir: »Die Arche setzte im Gebirge Ararat auf.« Im Hebräischen aber lesen wir: »Die Arche *ruhte* auf dem Felsberg Ararat.« Sowohl die Bibel wie das Bild vom Hungertuch reden nicht so sehr von einem bestimmten Gebirge in einer bekannten Landschaft, sondern beide meinen hintergründig vor allem: Fels als tragender Grund über dem Abgrund, als rettender Ort im Untergang, Symbol eines neuen Anfangs, ja, einer neuen Schöpfung. Inmitten der großen Flut, dem Chaos-Meer der Geschichte, kommt die kleine Arche zu Ruhe. Ruhe – ein Wort, das in der Hetzjagd des Lebens, in der Leistungsgesellschaft unserer Zeit, nicht unbedingt großgeschrieben wird. Ob wir nicht alle gerade Ruhe am dringendsten bräuchten? Wir wünschen sie merkwürdigerweise den Verstorbenen: »Herr, gib ihnen die ewige Ruhe.« Nur, die Toten haben ihre letzte Sintflut überstanden und diese Ruhe gefunden. *Wir,* die noch in der Sintflut leben, hätten sie dringend notwendig!

Es ist nicht auszuschließen, daß der Verfasser dieser Geschichte erinnern möchte an den Schluß des Schöpfungsberichtes: »Am siebten Tag vollendete Gott das Werk, das er geschaffen hatte. Und er ruhte am siebten Tag. Und Gott segnete den siebten Tag und erklärte ihn für heilig; denn an ihm ruhte Gott.« Die Schöpfung kommt also zur Vollendung – durch Ruhe, durch die Ruhe Gottes. Nicht darin zeigt sich die Macht und

Vollendungskraft Gottes, was er alles tut, sondern darin, daß er ruht, daß er auch die große Ruhe im Sturm ist.

In diesem Zusammenhang ist bemerkenswert, daß Noach übersetzt »Ruhe« heißt. Die Bibel erzählt: »Lamech zeugte einen Sohn und nannte ihn Noach (Ruhe!). Dabei sagte er: Er wird uns aufatmen lassen von unserer Arbeit und von der Mühe unserer Hände.« Noach der Mann also, von dem Ruhe ausgeht. Der deshalb die große Flut meistert, weil er Ruhe bewahren kann auch in der schlimmsten Situation, weil die Kleinheit und Ohnmächtigkeit seiner Person ruht im großen und mächtigen Gott wie die Arche auf dem Fels. Noach, Arche, Fels – im Bild eine unzertrennliche Einheit in den tödlichen Gewässern der Flut.

Im Blick auf die Große Flut ist der »Fels« im Alten Testament meist ein Bild für den rettenden Gott. Ein Mensch, der seinen Tod wie eine Sintflut erlebt, ruft um Hilfe und erfährt Hilfe: »Herr, rette mich! Sei mir ein schützender Fels; denn du bist mein Fels« (Ps 31). »Mich umfingen die Fesseln des Todes, mich erschreckten die Fluten des Verderbens. In meiner Not schrie ich zu meinem Gott. Er faßte mich, zog mich heraus aus gewaltigen Wassern. Ich will dich rühmen, Herr, du mein Fels, mein Retter, mein sicheres Heil, meine Zuflucht« (Ps 18). Und das folgende Gebet beschreibt fast unmittelbar das Bild der Bibel und des Malers vom Zur-Ruhe-Kommen der Arche auf dem Felsen: »Bei Gott allein kommt meine Seele zur Ruhe. Von ihm kommt meine Befreiung. Nur er ist mein Fels, meine Befreiung; darum werde ich nicht wanken« (Ps 62).

Natürlich ist der Fels nur eine Metapher für Gott. So wie Gott durch kein Dogma und keinen noch so klaren Begriff in den Griff zu bekommen ist, so kann er auch durch kein Bild je abgebildet werden. Alles ist eben nur Bild und Gleichnis. Ich kann von Gott nicht sagen, *wer* er ist. Ich wage aber von Gott zu denken, *wie* er ist, zum Beispiel: wie ein Fels. Kommen wir so der Wirklichkeit Gottes nicht näher als durch abstrakte wissenschaftliche Aussagen? Erinnern wir uns doch, wann in unserem Leben Gott für uns wie ein Fels war, auf dem unser Leben in einer großen Flut wieder Stand und Festigkeit bekam.

Die Taube

Dreimal schickte Noach eine Taube aus. Dreimal ist sie für ihn wie ein Bote Gottes, der ihm verkündet, woran er ist. Eines Abends kam die Taube zur Arche zurück mit einem frischen Olivenzweig. Noach erkannte noch mitten in der gefährlichen Flut: Das ist eine Botschaft der Hoffnung, jetzt ist für uns Land in Sicht, wir kommen auf einen grünen Zweig – Sprichwörter, die auf diese urbiblische Geschichte anspielen. Die Taube mit dem Olivenzweig ist seither bei allen Völkern Symbol des Friedens geworden. Friedenszeichen auch bei Künstlern, die keine Christen sind.

Johann Sebastian Bach läßt seine Matthäus-Passion ausklingen in einem wunderbaren Baßrezitativ:

»Am Abend kam die Taube wieder
und trug ein Ölblatt in dem Munde.
O schöne Zeit! O Abendstunde!
Der Friedensschluß ist nun mit Gott gemacht,
denn Jesus hat sein Kreuz vollbracht.«

Bach erkannte: Kreuz und Sintflut, Taube
und Errettung hängen zusammen. Auch die
Taube hier im Hungertuch Sieger Köders
kommt vom Gekreuzigten herab. Er, der am
Kreuz für die Einheit aller Menschen, für die
Menschheit schlechthin starb, bietet in seinem Tod der Welt den Frieden an, den Frieden Gottes und den Frieden untereinander.
Es kommt nur darauf an, daß wir diesen
weltumspannenden Frieden auch anneh-
men und verwirklichen.

Wir dürfen im Bild der Taube auch Menschen sehen, die für uns auf der Irrfahrt unseres Lebens wie Boten, ja wie Engel Gottes
waren. Und durften nicht auch wir selber
schon für andere Menschen Zeichen der
Hoffnung und Ermutigung sein? Fragen, die
Bibel und Bild an uns stellen. Wir sind ja erst
dann richtig »im Bilde«, wenn wir im Bild
der Bibel und des Malers auch persönlich
vorkommen und unsere eigene Geschichte
wiederfinden.

Die Arche

Die Arche liegt im Spannungsfeld zwischen
dem sterbenden Vogel in der Sintflut und der
Friedenstaube, die von oben herabkommt.
Auf diese Diagonale im Bild kommt es dem
Maler an: die Arche zwischen Tod und
Leben. In der Arche hält sich Noach beschei-
den im Hintergrund. Der Blick fällt mehr auf
drei Menschen aus der Dritten Welt; eine
Chinesin, einen Araber und einen Schwarzen, der seine verwundete Hand ausstreckt
nach dem »Schalom«. Der Maler rückt
bewußt die »anderen« in den Vordergrund,
die uns oft so fremd sind, denen wir allzu-
gern ausweichen. Er will sagen: In der Arche
geht es um Leben und Tod. Die Arche ist für
alle da. Jeder braucht ein Zuhause, eine
»Kiste«, wie es im Hebräischen heißt, eine
Hütte, ein Nest, wo er Geborgenheit, Schutz
und Sicherheit findet.

In der christlichen Überlieferung ist die
Arche ein Bild für die Kirche, ein schlichtes
Bild: Kasten, Hütte. Warum eigentlich nicht?

Die entscheidende Frage ist doch die: Ist in dieser Hütte wirklich Platz für alle? Fühlen sich Menschen in diesem Kasten beheimatet? Bin ich selber in dieser Arche daheim? Machen wir Fenster und Türen weit auf auch für die ganz anderen? Die Menschen in diesem Hungertuch-Bild haben keine Berührungsängste. Sie sind eng beisammen und halten zusammen. Sie schauen miteinander aus nach einem Zeichen, nach einer Spur von Gott. Darauf warten sie. Damit rechnen sie. Das gibt ihrem Leben Sinn und Perspektive.

Was nicht weniger auffällt und schon erwähnt wurde: Die Arche bildet mit dem Fels eine Einheit. Arche und Gott gehören zusammen. Das macht die Arche menschlich und wohnlich, standfest und unüberwindbar. Das hat auch Jesus im Blick, als er am Schluß seiner Bergpredigt sagt: »Wer diese meine Worte hört und danach handelt, ist wie ein kluger Mann, der sein Haus auf Fels baute. Als ein Wolkenbruch kam und die Wassermassen heranfluteten und an dem Haus rüttelten, da stürzte es nicht ein; denn es war auf Fels gebaut.« Es war gebaut auf Gott und sein Wort.

Der Regenbogen

Am bewegendsten in der Sintflutgeschichte ist die Verheißung des Bundes, den Gott mit Noach und den Seinen schließt. Der Maler drückt dies in seinem Bild mit den kräftigen Farben des Regenbogens aus. In der Alten Welt war der Bogen eine tödliche Waffe, ein

vernichtendes Kriegsgerät. Im Regenbogen sah man das Instrument des Wettergottes, mit dem er seine strafenden Blitze wie Pfeile auf die bösen Menschen abschoß. Diese Angst verbreitende Vorstellung von Gott finden wir im Mittelalter auf vielen Darstellungen der Schutzmantelmadonna. Maria stellt sich dabei schützend zwischen Gott Vater oder Christus einerseits und den vom Zorn Gottes bedrohten Menschen andererseits. Mit ihrem Mantel, gemeint ist ihr liebendes Herz, wehrt sie die todbringenden Pfeile von Gott ab, wobei ihr Erbarmen größer zu sein scheint als das Barmherzigkeitspotential Gottes! So verkehrt diese Vorstellung auch sein mag – signalisiert sie nicht den großen Wunsch der Menschen nach einem mütterlichen Gott?

Der Verfasser unserer biblischen Geschichte – das ist seine unglaubliche Leistung – funktioniert den Regenbogen als Vernichtungswaffe Gottes um in ein Versöhnungszeichen Gottes, Bund genannt: »Hiermit schließe ich meinen Bund mit euch, mit euren Nachkommen und mit allen Lebewesen. Das ist das Zeichen des Bundes, den ich stifte zwischen mir und euch und den lebendigen Wesen bei euch für alle kommenden Generationen: Meinen Bogen setze ich in die Wolken; er soll das Bundeszeichen sein zwischen mir und der Erde. Steht der Bogen in den Wolken, so werde ich auf ihn sehen und des ewigen Bundes gedenken zwischen Gott und allen lebenden Wesen.« Und bekräftigend fügt Gott hinzu: »Ich will künftig nicht mehr vernichten.«

Dieser Gott ist kein angstmachender Gott. Der Gott Noachs ist ein angstbefreiender Gott. Die Bibel erzählt, die Sintflut sei letztlich entstanden durch die Gewalttaten der Menschen. Sieger Köder weist in seinem Bild nachdrücklich darauf hin. Mit Gewalt kann der Mensch auch künftig vernichten, sich und seine Schöpfung, aber Gott wird es nicht tun. Der Gott Noachs will retten, befreien, weil er den Menschen liebt. Wer künftig einen anderen Gott verkündet als diesen Bundes-Gott, den Gott des Erbarmens und der Versöhnung, den Gott der Liebe und des Friedens, der redet vorsintflutlich von Gott, der redet nicht vom Gott Noachs,

Abrahams, schon gar nicht vom menschgewordenen Gottessohn Jesus Christus; denn Jesus hat ausdrücklich verkündet: »Der Menschensohn ist nicht gekommen, um Menschen zu vernichten, sondern um sie zu retten.«

Obwohl wir Menschen eigentlich den Tod verdienen, entscheidet sich Gott für Erbarmen und Gnade. Obwohl Gott weiß, der Mensch wird wieder sündigen, legt er sich fest auf Barmherzigkeit und Nie-mehr-Vernichten. Dafür steht der Regenbogen, der in allen Farben der Welt strahlend aufleuchtet.

Neu und eindrucksvoll im Bild Sieger Köders: Das Bundeszeichen Gottes, der farbige Bogen, durchdringt alles – die Welt, die Arche, den verwundeten Menschen, die Taube mit dem frischen Olivenzweig, sogar die tödliche Sintflut. Der Maler will damit sagen: Die Treue und Liebe Gottes geht durch und durch. Alles kann erlöst und gerettet werden, weil Gott selber in seinem Sohn Jesus Christus eintaucht auch in die schmutzigste und bedrohlichste Flut.

Noach

Überlebenschancen in der Geschichte gibt es allerdings nur, wenn es Menschen wie Noach gibt. Von ihm sagt die Bibel: »Er war ein gerechter, ganzer Mann«, ein Mensch, auf den Gott sich verlassen konnte. »Er ging seinen Weg mit Gott.« Im Bild ist sein Blick nach oben gerichtet. Er hält Ausschau nach dem, der allein sichere Orientierung und

Wegweisung geben kann. Er versucht seine schwere Krise nicht ohne Gott zu bewältigen. Ob wir es nicht endlich auch wieder wie Noach mit Gott versuchen sollten?

Rettung ist aber vor allem das Werk Gottes. Darum heißt es von Noach: »Er fand Gnade in den Augen des Herrn.« Das Überleben-Dürfen ist nicht sein Verdienst. Es ist ein Geschenk Gottes, Gnade. Er empfängt sie. Das weiß Noach, entsprechend verhält er sich auch. Am Ende baut er Gott einen Altar und dankt ihm. Lobpreis und Dank – keine Grundhaltung des Geschöpfes gegenüber seinem Schöpfer könnte wahrhaftiger und menschlicher sein.

Die Gnade Gottes geht allem voraus. Der Mensch aber muß mitwirken, wie es Noach getan: »Er tat alles, was ihm der Herr aufgetragen hatte.« Von Gott kam zwar der Rat: »Baut eine Arche!« Aber bauen mußten sie die Menschen schon selbst. »Baut eine Arche!«, das ist ein Ruf an uns alle. Die Arche als Welten-Haus muß von uns allen gestaltet werden – für alle. Niemand darf ausgegrenzt werden. Das Bild Sieger Köders deutet dies an. Die Arche vereint Menschen aus allen Erdteilen und Kulturen. Wie der Gekreuzigte auf dem Hungertuch – in diesem Ausschnitt nicht zu sehen – für alle gelebt hat, für alle gestorben und auferstanden ist, so muß das Welten-Haus Arche für alle Raum und Geborgenheit schaffen. Dies meint auch der Bund Gottes mit Noach: Solidarität mit allen Leidenden und Gefährdeten, Mitmenschlichkeit ohne Rücksicht auf Rasse und Konfession.

Und dies ist das Geheimnis des Noach: Trotz scheinbarer Unsinnigkeit des Baues einer Arche, trotz der gewaltigen Fluten, die über ihn hereinbrechen, trotz aller Todesangst glaubt Noach unerschütterlich an Gott und seine Zukunft. Er vertraut, daß über allen Abgründen der Sintflut der starke und gute Gott der Grund seines Lebens ist. Dieses Glauben-Dürfen an den absolut treuen und verläßlichen Gott mußte Noach allerdings im wahrsten Sinn des Wortes zuvor er-fahren, leidvoll er-fahren auf der beängstigenden Fahrt durch die Sintflut. Da aber wurde ihm die Gewißheit geschenkt: Das letzte Wort seiner schweren Fahrt heißt nicht Angst, Verzweiflung, Tod, sondern Hoffnung, Freude, Leben.

Ein Kinderlied heißt: »Regenbogen, Friedenszeichen, Gott läßt uns nicht allein. Regenbogen, Lebenszeichen, Gott will die Welt befrein.« Die Geschichte des Noach in Wort und Bild ermutigt uns: Gott gibt seine Welt niemals auf. Gott fängt immer wieder neu mit uns an, wenn nur auch wir aufrichtig anfangen möchten. Wir würden staunen, was Gott mit uns Anfängern anfängt – wie damals mit Noach: eine Schöpfung, die wieder aufatmen kann, eine neue menschliche Welt, eine Welt der Gerechtigkeit und des Friedens für alle. Möglich aber ist diese Welt nur unter dem Zeichen des Regenbogens, und das bedeutet: im Bund mit Gott. Ohne Gott ist der Mensch verloren für immer. Denn »der Mensch ist nur mit Gott zusammen Mensch« (Alfred Delp).

Theo Schmidkonz SJ   61

Mirjam und der Aufbruch der Frauen

Der Gegensatz tut weh

Mirjam, gekleidet in die Farben des Regenbogens, tanzt. Ein schönes, ein begeisterndes Bild! Aber abgebildet direkt neben dem Gekreuzigten vor dunklem Abgrund, ist meine erste Reaktion: dieser Gegensatz tut weh.

Das Mirjam-Motiv auf der einen Seite: die kräftigen frohen Farben vermitteln Freude, Lebenskraft und Lebenslust. Mirjam tanzt auf einer grünen Welle durch das Rote Meer in die Befreiung. Sie lädt ein, in die Bewegung einzustimmen. In der Mitte des Hungertuches wird der Blick wie magisch angezogen von dem Menschen, der voller Schmerz und Einsamkeit im schwarzen tödlichen Abgrund hängt – ausgeliefert und verlassen. Das läßt sich kaum nebeneinander anschauen; die Stimmungen, die Gefühlsregungen, die inneren Bewegungen, die das eine wie das andere auslösen, sind absolut gegensätzlich – das tut weh!

Das Bildmotiv

Ich löse mich von diesem scharfen Kontrast und betrachte die Detailaufnahme. Mirjam tanzt; sie geht ganz in der Bewegung auf. Zwischen den Händen schlägt sie eine kleine Pauke; die schwingenden dunklen Haare unterstreichen den Rhythmus des ganzen Körpers. Füße und Beine sind im Sprung abgehoben von der Erde; frei bewegt sie sich. Der Maler gab ihr einen kraftvollen Körper; die Arme und Beine stehen im Licht. Ihr schönes, freundliches Gesicht schaut uns an und zieht uns in die Bewegung hinein. Sie tanzt in einem Kleid mit den Farben des Regenbogens, die sich in den übrigen Bildern wiederholen. Sie tanzt auf einer grünen Welle in einem Meer von Rot. Es scheint, als versetze sie mit ihrem Tanz Welle und Meer in Schwingung, in eine kraftvolle harmonische Bewegung, die die Lust, die Freude, die Kraft und Macht ihres Tanzes nur unterstreicht. Es ist in Farbe und Form ein sinnenfrohes, ein sinnliches Bild.

Am rechten und linken unteren Bildrand sind Stacheldraht und Mauerwerk zu erkennen. Der Stacheldraht trägt rote Rosen; in heller Farbe verliert er fast seine abschreckende Wirkung. Das Mauerwerk wird von der Kraft der Wellen aufgebrochen, an

die Seite gedrängt; die Steine fallen auseinander. Links unten geben sie den Blick in einen dunklen Abgrund frei, der an die abgründige, grabestiefe Bildmitte erinnert.

Sieger Köder zeichnet Mirjam im Bild einer tanzenden Frau, die den Rhythmus von Wellen und Wogen aufnimmt, in eine machtvolle Bewegung umsetzt, die Mauern der Zerstörung aufbricht. Es ist das Urbild einer Frau, die trotz der Erfahrung von Gewalt, Unterdrückung und Ausgrenzung unbändige Kraft und Lebendigkeit versprüht, die Mauern, Abgrund und Stacheldraht hinter sich lassen kann und aufbricht in die Freiheit.

»Singt dem Herrn ein Lied; Rosse und Wagen warf er ins Meer«

»Die Prophetin Mirjam, die Schwester Aarons, nahm die Pauke in die Hand, und alle Frauen zogen mit Paukenschlag und Tanz hinter ihr her. Mirjam sang ihnen vor: Singt dem Herrn ein Lied, denn er ist hoch und erhaben! Rosse und Wagen warf er ins Meer« (Ex 15,20–21).

Die Prophetin Mirjam, Schwester von Aaron und Mose, wird in diesem Text in einer Führungsrolle dargestellt. Beim Auszug aus dem Sklavenhaus Ägypten preist sie die Rettungstat Jahwes an seinem Volk. Die jüdisch-christliche Tradition hat in Wort und Bild fast immer Mose als Führer seines Volkes dargestellt. Aaron und erst recht Mirjam wurden wenig sichtbar. Beim Propheten Micha leuchtet ihre Bedeutung noch auf, wird sie in einem Atemzug mit ihren beiden Brüdern genannt, in einer aufzählenden Erinnerung an die Heilstaten Jahwes: »Ich habe Mose vor dir hergesandt und Aaron und Mirjam« (Mich 6,4 b).

Im Buch Numeri wird die Auflehnung Mirjams und Aarons geschildert. Die Heirat des Mose mit einer Kuschiterin ist Anlaß für Vorwürfe und Anfragen der beiden an dessen Sonderrolle. »Sie sagten: Hat etwa der Herr nur mit Mose gesprochen, hat er nicht auch mit uns gesprochen?« (Num 12,2). Jahwe spricht zu ihnen, erläutert den Unterschied zwischen allgemeinen Propheten, zu denen er in Visionen und Träumen spricht, und dem direkten und vertrauten Austausch mit seinem Knecht Mose. Mirjam wird mit Aussatz geschlagen. Aaron, der sich mitschuldig bekennt, von dessen Bestrafung aber nichts berichtet wird, bittet für sie bei Mose, der seinerseits zum Herrn um Heilung »schrie«. Sieben Tage wird sie aus dem Lager ausgesperrt und gilt dann als gereinigt. »Das Volk brach nicht auf, bis man Mirjam wieder hereinließ« (Num 12,15). Diese Erzählung regt die Phantasie an: eine widerständige Frau, die es wagt, die Rolle des Mose anzufragen, ihn zu kritisieren, wird deutlich bestraft. Der Kommentar in der Jerusalemer Bibel äußert die Vermutung, daß die Bestrafung des Aaron in der priesterschriftlichen Überlieferung weggelassen wurde.

Interessant ist, daß in der gängigen Vorstellung Mirjam vor allem durch diese Begebenheit – Widerstand gegen Mose und Bestrafung durch Aussatz – charakterisiert ist. Über lange Zeit war sie kaum als Prophetin bekannt, die ihrem Volk beim Durchzug durch das Rote Meer vorangeht. Diese Einseitigkeit in der Tradition erinnert an das Schicksal der Maria von Magdala, die im Evangelium als erste Künderin der Osterbotschaft vorkommt, in der Tradition aber vorrangig als Sünderin und als Büßerin dargestellt wird.

Ob die Schwester des Mose, die nach seiner Geburt bei seiner Rettung im Binsenkörbchen (Ex 2,4 ff) mit der Tochter des Pharao verhandelt, ebenfalls mit Mirjam identifiziert wurde, bleibt im ungewissen.

Zurück zum Lied der Mirjam im 15. Kapitel des Buches Exodus. Es ist dies wohl eine der ältesten Formulierungen von der Herausführung Israels aus Ägypten, der ursprüngliche Kern des ausführlichen Siegesliedes (15,1–18), das in der Feier der Osternacht gesungen wird.

Mirjam nimmt die Pauke in die Hand und singt den Frauen, die mit Paukenschlag und Tanz hinter ihr herziehen, ein Lied vor und fordert sie zum Lobpreis Jahwes auf: »Singt dem Herrn ein Lied, denn er ist hoch erhaben.« Kein Siegestaumel, sondern Lobpreis Gottes! Dies ist ein Grundbekenntnis des Glaubens des Volkes Israel: es verdankt seine Existenz, seine Befreiung und sein Leben Jahwe, seinem Gott. Israel lebt diesen Glauben im Lobpreis Jahwes: gelobt sei der Allmächtige, der da ist und wirkt, gelobt sei er

in allem, was er tut. Er ist hoch und erhaben, alle Ansprüche und Machtphantasien von Menschen finden ihre Grenze in der Größe und Erhabenheit Gottes, gelobt sei der Allmächtige.

Dasselbe Thema findet seinen Widerhall im Magnifikat, dem Lobgesang Marias (Lk 1,46–56). Auch dieses Lied preist Gottes rettendes Wirken in der Geschichte. Er stürzt

die Mächtigen vom Thron und erhöht die Niedrigen.

Diesen Lobpreis drückt Mirjam durch ihren Körper aus – im Gesang und im Tanz. Im liturgischen oder meditativen Tanz entdecken heute vor allem Frauen diese Ausdrucksmöglichkeit aufs neue. In und mit unserem Lied danken und loben wir den Schöpfer, die Urquelle unseres Lebens und Seins und zwar gemeinsam. Solches Tun kann mehr als Worte in die Mitte unseres Seins führen, kann die Kraftquellen freisetzen, die Gott uns geschenkt hat.

Mirjam singt und tanzt, weil Jahwe Israel aus der Unterdrückung und Sklaverei herausgeführt und durch das Rote Meer in die Freiheit geführt hat. Nicht Mose, nicht Aaron, nicht sie selbst, Gott hat dieses Heil gewirkt.

In der ausführlicheren Fassung des Siegesliedes (Ex 15,1–18) wird das kriegerische Handeln Jahwes beschrieben und gerühmt. »Der Herr ist ein Krieger, Jahwe ist sein Name« (Ex 15,3). Seine Rechte »zerschmettert den Feind«. Bis zur Landnahme wird die Vernichtung der Gegner martialisch geschildert und dabei Gewalt glorifiziert. Ist dies die traurige Seite der siegreichen Tat Jahwes? Es ist ein zwiespältiger Weg in den Büchern des Alten oder Ersten Testamentes, der zur Aussage der Propheten führt: »Jahwe ist ein Gott, der den Kriegen ein Ende setzt«, oder zu den Aussagen, nach denen auch andere Völker neben Israel in das Heilsgeschehen einbezogen und nicht vernichtet werden. Das Lied der Mirjam scheint diese Entwicklung, die Abkehr von der Gewalt, vorzubereiten. »Rosse und Wagen warf er ins Meer« – die Werkzeuge des Krieges, nicht die Menschen werden vernichtet.

Wagenrennen oder Schlachtszenen in historischen Filmen, in denen männliche Kraft in Gewalt und in der Vernichtung des Gegners inszeniert werden, faszinieren bis heute ebenso wie Militärparaden oder die Schau von Panzern und Kampfflugzeugen. Die widerwärtige Verherrlichung von Aggression, Gewalt und Größenwahn kommt mir als kontrastreicher Hintergrund in den Sinn, vor dem ich das Lied der Mirjam aus vollem Herzen mitsingen und mittanzen will und mir sehnlich wünsche, daß diese Verheißung bald in Erfüllung gehen soll.

Mirjam und der Aufbruch der Frauen

Viele Frauen in unserer Zeit greifen das Mirjam-Motiv auf, wenn sie ihre Situation im Aufbruch der Frauen aus Abhängigkeit und Unterdrückung deuten wollen. Ägypten, das steht für die alte Ordnung, die in zahllosen Varianten durch viele Jahrhunderte hindurch Frauen abhängig hielt, weitgehend rechtlos, oft unsichtbar und namenlos, ohne Zugang zu Bildung und Ausbildung, zu Forschung und Lehre, mit nur sehr geringen Mitwirkungsmöglichkeiten in Kultur, Gesellschaft und Politik. Frauen waren und sind Opfer männlicher Gewalt in vielerlei Formen, in zahllosen Kriegen ebenso wie im Alltag, zu Hause wie auf der Straße. Frauen wurden diskriminiert und verdächtigt als minderwertige Geschöpfe, wurden bestimmt vom Manne her und waren orientiert auf ihn hin.

In den vergangenen Jahrzehnten hat sich vieles verändert. Frauen sind aufgebrochen, haben Rechte erkämpft, konnten Zugang zu Bildung und Ausbildung erwirken, haben begonnen, ihre vielfältigen Gaben und ihre je eigene Berufung zu entdecken und zu entfalten. Frauen brechen auf in neue Räume der Mitwirkung und Verantwortung in Gesellschaft und Kirche. Sie klagen die Verletzung von Menschenrechten ein, wehren sich gemeinsam gegen Gewalt. Frauen entdecken die weiblichen Teile der Glaubenstradition neu, lesen die Bibel mit eigenen Augen. Aber ein solcher Aufbruch ist anstrengend. Bei Frauen wie bei Männern sind die alten Gewohnheiten im Denken, Empfinden und Verhalten wirksam. Die Sehnsucht nach den Fleischtöpfen Ägyptens beinhaltet für Frauen auch die Angst vor Entscheidung und Verantwortung, die Angst vor öffentlichem Wirken. Die Opferrolle hat auch bequemes an sich: »Ich kann ja doch nichts bewirken«, und: »Die anderen sind schuld.« An den Fleischtöpfen Ägyptens verharren, das heißt, manches einstecken, den Mund halten, berechtigte Kritik nicht äußern, um die Gunst und das Wohlwollen anderer nicht zu verscherzen.

Aufbruch aus der Abhängigkeit und Unterdrückung durch die Wüste, wohin? Zu einem Leben in Menschenwürde, zu dem

Gott alle gerufen hat! Der Aufbruch von Frauen ist nicht nur für die Frauen von Bedeutung; Männer haben sich ebenso in sehr einseitige und oft unmenschliche Rol-

lenfixierungen begeben. Leistung, Konkurrenz, Rivalität, Überlegenheit, Produktivität und Effizienz bestimmen ihre Wertewelt und haben dazu geführt, daß wir unsere Schöpfung zu Tode wirtschaften. Der Schlüssel für eine zukünftige menschenwürdige Entwicklung für alle liegt bei den Frauen – in Bildung, Ausbildung und Entwicklungschancen für Frauen weltweit.

zugewandt, sie angesprochen und geführt hat, und wie er zuletzt in Jesus Christus Erlösung, Heil und neues Leben schafft, in seiner Menschwerdung, seinem Tod und seiner Auferstehung. Die Lesung vom Durchzug durch das Rote Meer gehört zum Kernbestand der Liturgie der Osternacht. In der Befreiung des Volkes Israel aus dem Sklavenhaus Ägypten ist das Heilshandeln Gottes in Jesus Christus gleichsam vorgebildet. Die Frau, die aus der Unterdrückung kommt und ihrem Volk voranzieht, die das Heilshandeln Gottes lobpreist, die tanzt über den Grabestiefen: durch sie wirkt Gott unser Heil, ähnlich wie er es »in der Fülle der Zeiten« in seinem Sohn vollzieht. Im Weg des Menschensohnes wird so drastisch deutlich, daß »Erfolg keiner der Namen Gottes« ist, daß der Weg zum Leben durch die Auseinandersetzung, durch Leiden und Tod führt. Und so stehen die Bilder der tanzenden Mirjam und des Gekreuzigten in der Bildmitte, deren scharfer Gegensatz schwer auszuhalten ist, wohl doch in einer tiefen Verbindung. Gott geht den Weg des Menschen durch Elend, Unterdrückung und Tod hindurch mit und führt am Ende in die Freiheit, in das Leben, in das ewige Leben. Leid, Elend und Tod anzuschauen fällt schwer. So erregt das Bild des Gekreuzigten Anstoß: »Warum so …?« Trotzdem gibt er Trost, weil er mitgeht bis in die äußerste Erniedrigung und weil er aus dem Tod heraus zum Leben ruft. Dieses Bild hilft, das Elend und die Ausgrenzung von Menschen heute wahrzunehmen, die Augen und Ohren des Herzens nicht zu verschließen. Die Verbindung zwischen den scheinbar unversöhnlichen Ge-

Auf diesem Weg macht das Leitbild einer Frau Mut, die singt und tanzt über Mauern und Stacheldraht, weil Gott ihrem Volk und ihr selbst Befreiung geschenkt hat, weil er sie aus der Unterdrückung herausgeführt und ihren Füßen weiten Raum gegeben hat.

Ein Bild der Befreiung und der Auferstehung

Die Lesungen der Osternacht beschreiben, wie Gott sich von Anfang an den Menschen

gensätzen wahrzunehmen, gibt Hoffnung: denn der Tod hat nicht das letzte Wort. Gott hat Israel aus der Unterdrückung befreit, hat Mirjam, Aaron und Mose vor seinem Volk hergesandt, hat seinen Sohn von den Toten auferweckt. Er hat die Jüngerinnen und Jünger gesandt und beauftragt, die Botschaft vom Leben, von der unbedingten Liebe Gottes zu allen Menschen weiterzusagen, gerade den Armen und Geringen. Leben aus seiner Kraft und Sendung, Befreiung und Auferstehung verkünden, Leben teilen durch das Rote Meer hindurch, im Angesicht von Mauern und Stacheldraht, im Blick auf den Gekreuzigten, in der Hoffnung auf die Auferstehung – mit Mirjam tanzen!

Gertrud Casel

Kirche als Tischgemeinschaft

Zentrales Symbol im Wirken des irdischen Jesus war der Tisch und die um ihn sich versammelnde Tischgemeinschaft. So ist es theologisch konsequent, wenn die Bilderwelt des Hungertuchs in der Mahlszene auf der rechten Seite oben ihren Höhepunkt findet. Darauf weisen die Farbströme aus warmem Rot und intensivem Blau hin, die – nur durch den Riß in der Bildmitte unterbrochen – von links unten nach rechts oben drängen und unser Bild ganz bestimmen. Ebenso rückt die Fülle der Farben und Formen, die Vielfalt des Dargestellten, die Dramatik der gemalten Personen unser Teilbild ins Zentrum – von der Bildmitte, die wie hinter einem aufgerissenen Vorhang auf einer anderen Ebene spielt, einmal abgesehen. Dennoch wäre es falsch, bei aller Gewichtung unserer Szene diese vom Bildganzen zu isolieren. Vielmehr gilt es, auf die künstlerischen wie theologischen Fäden zu achten, die sie mit den Bildern der linken Tuchseite verbinden, und die Linien wahrzunehmen, die aus unserem Bild in die Szene darunter wie zur Bildmitte hinüberführen.

Wir versuchen im folgenden in zwei Durchgängen uns dem Bild und seiner Botschaft anzunähern: indem wir uns zuerst so intensiv wie möglich dem Bild zuwenden und von ihm anrühren lassen, und sodann in einem zweiten Anweg die biblische und theologische Tradition um die Tischgemeinschaft Jesu bzw. mit Jesus in unseren Interpretationsversuch einbeziehen.

Der Tisch

In der Mitte unseres Bildes sehen wir einen langen, mit einem Tuch bedeckten Tisch, der perspektivisch auf uns, die Betrachter zuläuft und für uns offen ist. Der Tisch ist reich gedeckt mit Tieren des Meeres, Früchten der Erde und der menschlichen Arbeit, so reich, daß über dem Aufgetischten vom Tischtuch nur wenig zu sehen ist. Im Vordergrund erkennen wir auf einer Schale zwei große, in freundlichem Grün schimmernde Fische, die fast noch wie lebend wirken. Sie sind umgeben von fünf kräftig gebackenen, keineswegs kleinen Broten. Vor ihnen können wir zwei grünrote Äpfel und eine reife Zitrone in ihrem charakteristischen Gelb entdecken. Rechts hinter den beiden Fischen und zwischen den Broten

finden wir eine übervolle Schüssel mit Reiskörnern, dahinter zwei Trinkgläser, eines gefüllt mit Wasser, sowie einen großen, glasierten Tonkrug. Auf der anderen Seite erhebt sich hinter einem der Brote eine grüne, geöffnete Weinflasche, von unten

her wie eine heutige Chiantiflasche mit Bast umwickelt. Hinter ihr steht eine weitere, wohl mit Wasser gefüllte Flasche. Und ganz im Hintergrund erkennen wir reife, blaue Trauben sowie Stücke von gebrochenem, aus kräftigen Körnern gebackenem Brot.

Dominierend in der Mitte des Tisches wie im Zentrum des ganzen Bildes steht ein riesengroßer, bis an den Rand mit rotem Wein gefüllter Becher.

Natürlich: die fünf Brote und die zwei Fische, überhaupt die Gaben von Brot und Wein, der eine Becher in der Mitte für alle erinnern uns, lösen Gedankenspiele aus, reizen zu Deutungen …

Aber die Zutaten von Reis, Wasser, Zitrone, Äpfeln, Trauben wie die Vielzahl der Gläser und Flaschen können uns davor bewahren, zu rasch einer eingespielten Deutung zu verfallen. Wenigstens eine Weile sollten wir unseren Blick offenhalten für die paradiesisch anmutende Fülle einfacher, naturnaher Gaben, die auf dem Tisch aufgedeckt sind.

Die Tischgäste

An den beiden Längsseiten des Tisches sitzen in lebhafter Gestik je vier Personen. Von ihrem Gesichtsausdruck wie von ihrer unterschiedlichen Hautfarbe her erscheinen sie wie Repräsentanten unserer Welt aus den verschiedenen Erdteilen – ähnlich wie schon die Menschen in der Arche Noachs. Auf der linken Tischseite ein dunkelhäutiges Gesicht, die Augen erwartungsvoll auf den Brotgeber gerichtet, den Mund offen, die Hand griffbereit – ein Vertreter des afrikanischen Kontinents oder ein Nachkomme der nach Lateinamerika importierten Negersklaven. Neben dieser Gestalt eine aufgrund der Farben ihres Gewandes wie ihres

Gesichtsausdrucks als Indio identifizierbare Person, deren rechte Hand mit einer Binde umwickelt ist, auf der Blutflecken sichtbar sind; ihr Gesicht ist ebenso erwartungsvoll wie das ihrers Nebensitzers nach oben gerichtet, die verletzte Hand hält bereits ein Stück Brot. Im Vordergrund sehen wir ein Liebespaar, die Frau stehend, ihr Gesicht über den unter ihr sitzenden Mann gebeugt, Wange schmiegt sich an Wange; die rechte Hand der Frau umfaßt liebend die Schulter des Mannes; dieser hält ihr einen Strauß Rosen entgegen. Auf der rechten Tischseite erkennen wir ganz hinten eine Frau, in dasselbe Rot wie die liebend ihrem Freund Zugewandte getaucht, die sich mit

ihrem Kopf und ihrer linken Hand an die übergroße Hand anschmiegt, die von oben ins Bild kommt. Neben ihr entdecken wir ein dunkelhäutiges Kind, das sich mit beiden Händen am Tisch festklammert, um überhaupt über die Tischkante nach oben schauen zu können. Hinter ihm sitzt, das Kind wahrscheinlich stützend, eine weitere Frau, vom Typ her wohl eine Asiatin. Auch sie blickt nach oben und hat dem an ihrer linken Seite sitzenden, uns zugewandten Schwarzhäutigen, der ein Glas Wein an seine Lippen hebt und selig in sich hineinzulächeln scheint, ihre Linke auf die Schulter gelegt.

73

Der Tischherr

Möglicherweise nehmen wir erst jetzt die beiden übergroßen Hände bewußt wahr, die von der Stirnseite des Tisches her unsere Szene bestimmen. Sie sind durch die Wundmale auf den Handrücken und durch die Geste des Brotbrechens als die Hände des österlichen Christus identifizierbar. Der Auferstandene in seiner körperlichen Erscheinung ist – wie auf so gut wie allen Bildern Sieger Köders – nicht zu sehen. Er ist menschlich-irdischem Sehen entzogen. Aber sein Antlitz spiegelt sich für den, der mit den Augen des Glaubens zu sehen vermag, im Wein in dem großen Becher in der Bildmitte – wie seine ganze Gestalt auf den Wassern der Bildszene darunter.

Rückt so von Ostern her die hier gemalte Tischrunde in den Lichtschein der nachösterlichen Eucharistiefeier der Kirche, dann fällt um so stärker auf, daß der Künstler die Gaben auf dem Tisch nicht auf Brot und Wein konzentriert – man halte fest: ein sehr alltagsnahes, kerniges Brot, einen großen, mit Wein gefüllten Becher! –, sondern diese wie bei einem alltäglich-normalen Essen auf Fisch, Reis, Brot, Obst und Wasser ausweitet und dadurch das untrennbare Ineinander von alltäglichem und eucharistischem Mahl zum Ausdruck bringt – wobei die Alternative Reis auf einen anderen Lebenskontext hinweist, in dem nicht das uns vertraute Brot das Grundnahrungsmittel ist.

In solchem eucharistischen Kontext, der auf die Erfahrungen der frühen Kirche in ihren

Wieder sollten wir, ehe wir nach Deutungen suchen und diese untereinander auszutauschen beginnen, für die Freude uns öffnen, die aus der Mahlszene strahlt, das Glück und den Frieden (Schalom) in uns aufnehmen, der über den hier Versammelten liegt. Ebenso gälte es zu sehen, wie lebendig das Je-Eigene der auf unserem Bild dargestellten Personen gestaltet wie auch das Verbindende der Tischrunde hervorgehoben ist. Auch optisch ist die »Rundung« auf beiden Tischseiten teils farbig, teils in der Anordnung der Personen wahrnehmbar. Nicht von ungefähr ist unsere Tischszene ganz in der Strömung von Rot und Blau eingetaucht.

Begegnungen mit dem Auferstandenen anspielt, verwundert die Freiheit des Künstlers nicht minder, die Tischrunde um den österlich-wirkenden Christus mit Figuren aus der Welt von heute zu besetzen und diese überdies so »weltlich« zu inszenieren: Zwar schauen die Gesichter des Schwarzen und des Indio wie die des Kindes und der Asiatin voll Erwartung auf den Christus; aber die beiden Liebenden sind ganz mit sich beschäftigt und voll einander zugewandt; und die Frau an seiner Seite scheint sich ganz mit der Erfahrung seiner »Nähe« zufriedenzugeben; und der Schwarzhäutige im Vordergrund, der als einziger ein Glas mit rotem (eucharistischem?) Wein an den Mund führt, kehrt seltsamerweise der Tischrunde den Rücken, so daß er es nötig hat, durch eine Berührung mit der Hand in die Realität der Tischgemeinschaft mit Christus als dem Mahlherrn zurückgerufen zu werden.

Die offene Tischrunde

Decken wir einen Moment lang die Szene ab, die sich unten an unser Bild anschließt, so öffnet sich die Tischrunde einladend auf uns, die Betrachter, zu. Wären wir vorbehaltlos bereit – so scheint uns die Inszenierung des Bildes fragen zu wollen –, uns zu dieser Runde dazuzusetzen bzw. diese in unsere heutige Gegenwart, in unsere Tischgemeinschaften und Eucharistiefeiern hinein zu verlängern? Würden wir die Tische, um die wir hier in Europa real sitzen oder um die in symbolisch-ritualisierter Gestalt wir uns in

unseren Kirchen versammeln, mit dem Tisch auf dem Bild zusammenrücken wollen? Möchten wir mit der bunt zusammengewürfelten, multikulturellen Schar an diesem Tisch unter dem Vorsitz des Christus gern Kontakt aufnehmen, das Aufgetischte mit

Appetit mit ihnen teilen, eine hautnahe Tuchfühlung sympathisch empfinden? Oder würden wir nicht solch realer Tischgemeinschaft die unmittelbare Christusminne der Frau im Hintergrund vorziehen, sie für weniger problematisch halten und uns deshalb lieber mit dem Schwarzen im Vordergrund

identifizieren, der sich von der Tischrunde abkehrt, um mit dem im (eucharistischen?) Wein präsent geglaubten Christus allein zu sein?

Erweitern wir diesen ersten, spontanen Zugang zu Sieger Köders Mahlbild um einen zweiten, stärker reflektierten, der biblische und theologische Erkenntnisse zum Zug bringt und so unser unmittelbares, »naives« Sehen und Deuten kontrolliert und zugleich tiefer begründet.

Die Tischgemeinschaft um den irdischen Jesus

Kaum etwas war für die Verkündigung und Praxis des Jesus von Nazaret so charakteristisch wie seine Hinwendung und betonte Tischgemeinschaft mit Zöllnern und Sündern. In der Rückschau auf Jesu Wirken bringt der Evangelist Lukas diesen eigentümlichen und zugleich anstößigen Zug auf den Nenner: »Alle Zöllner und Sünder kamen zu ihm, um ihn zu hören. Die Pharisäer und die Schriftgelehrten empörten sich darüber und sagten: Der da – er gibt sich mit Sündern ab und ißt sogar mit ihnen!« (Lk 15,1f)

Diese Seite des Wirkens Jesu ist uns aufgrund langer Gewöhnung so vertraut, daß wir die Sprengkraft und das bis heute erregend und unausgeschöpft »Neue«, das in diesem Verhalten Jesu liegt, kaum mehr wahrzunehmen vermögen. Es lohnt sich, im Angesicht des Hungertuchs aufs neue darüber nachzudenken.

1. Das Ärgerniserregende dieses zeichenhaften Handelns Jesu lag für die maßgeblichen Theologen damals, zumal für die religiös dominierende Gruppe der Pharisäer unter ihnen, nicht darin, daß sie keine Umkehrmöglichkeit für Zöllner und andere öffentliche Sünder gekannt und kein Angebot seitens der Barmherzigkeit Gottes für sie gehabt hätten. Aber die unabdingbare Voraussetzung für die Wiedereingliederung solcher Sünder in das »heilige Volk Israel« war für sie die wahrnehmbare Umkehr solcher Menschen, ihre Abkehr von ihrem sündhaften Tun oder Gewerbe. In gravierenden Fällen waren die Priester einzuschalten, die das erbrachte Bußwerk festzustellen und die Sünder für »rein« zu erklären hatten – bis zu ihrer völligen Versöhnung mit Gott am Großen Versöhnungstag. Solche Anschauungen sind uns nicht fremd – gleichen sie doch in vielem der strengen Regelung in unserer katholischen Kirche, wonach wiederverheiratete Geschiedene erst dann wieder zu den Sakramenten hinzutreten dürfen, wenn zuvor ihre eheähnliche Beziehung vor dem kirchlichen Ehegericht in Ordnung gebracht werden konnte oder sie bereit sind, wie Bruder und Schwester zusammenzuleben.

2. Wenn Jesus die von Gott stammende »Tora« nicht ablehnte – und dies konnte ihm nun wirklich kein objektiver Zeuge unterstellen (vgl. Mt. 5,17f)! –, sondern an ihr festhielt und sie neu auslegte, so konnte sein gleichwohl erstaunlich leichtfertig erscheinendes und daher ärgerniserregendes Verhalten kaum anders gedeutet werden, als daß dem

Leben und Wirken Jesu »eine andere innere Ordnung der Tora« als für die Hauptrichtungen des damaligen Judentums zugrundelag – und dies wurde eklatant in der Sabbatfrage und im Verhalten gegenüber den Sündern! Für die Pharisäer galt bei Gesetzeskollisionen – beim Konflikt etwa zwischen der Pflicht zu helfen und der Pflicht, den Sabbat zu beachten – der Grundsatz: Die Pflicht gegenüber Gott geht der Pflicht gegenüber Menschen voran. Der Gesetzesauslegung und -praxis Jesu lag demgegenüber eine so formulierbare Einstellung zugrunde: Nicht die Ehre Gottes, sondern die Barmherzigkeit ordnet das Gesetz. Und aus dieser anderen Grundannahme ergab sich für Jesus, daß jene Gebote um so verpflichtender und unaufgebbarer sind, die der Barmherzigkeit zu ihrem Recht verhelfen wollen. Gott, wie ihn Jesus sieht und auslegt, will nicht den Menschen in einer für diesen unbarmherzigen Weise für sich und seine Ehre in Anspruch nehmen! (Vgl. Limbeck, S. 299–320, bes. 315 f) Gerade weil die Sünder in besonderer Weise der göttlichen Barmherzigkeit bedürfen – ähnlich wie die Kranken der menschlichen – verteidigt Jesus seine auffällige Hinwendung zu ihnen mit dem Bildwort: »Nicht die Gesunden brauchen den Arzt, sondern die Kranken.«

Für den Evangelisten Matthäus, der von den Synoptikern wohl am stärksten Jesus noch in der Auseinandersetzung mit dem damaligen Judentum sah, war diese von Jesus praktizierte und proklamierte »andere Ordnung innerhalb der Tora« von dem »Neuen«, »Größeren« her legitimiert, das in und mit Jesus zur Macht gekommen war – die hier und jetzt anbrechende Gottesherrschaft: »Ich sage euch aber: Größeres als der Tempel ist hier!« (Mt 12,6).

3. Wir sind gewohnt, die »Sünder« von damals vor allem unter moralischem Gesichtspunkt zu sehen. Wir müßten aber zumindest auch die üble soziale Situation mitbedenken, in der viele dieser Sünder sich befanden. Mußten nicht viele von ihnen, um überhaupt überleben zu können, sich solch verrufenen Berufen zuwenden wie Schweinehirt, Hausierer, Gastwirt, Seemann, öffentlicher Ausrufer, Steuer- und Zolleintreiber, Kuppler, Hausangestellte, Prostituierte – »Dienstleistungsberufe«, die von der Tora her als »befleckend« und »unrein« abgestempelt waren? Menschen in solchen Lebensumständen: waren sie bei aller subjektiven Schuld nicht doch weit mehr Opfer der gesellschaftlichen Verhältnisse, Ausgegrenzte, Marginalisierte, an den Rand Gedrängte, »verlorene Schafe des Hauses Israel«, »geschunden und preisgegeben wie Schafe, die keinen Hirten haben« (Mt 10,6; 9,36)?

Gerade im Blick auf die soziale Lage, in der sich viele der sogenannten »Sünder« und »Verlorenen« befanden, wird die befreiende Kraft der Seligpreisung der »Armen«, »Hungernden«, »Weinenden« durch Jesus unmittelbar verstehbar (Lk 6,20f) wie auch sein provokatives Wort an die Adresse der vermeintlich »Gerechten« nachvollziehbar: »Amen, das sage ich euch: Die Zöllner und die Huren kommen vor euch in das Reich Gottes« (Mt 21,31)!

Das Festmahl vor Jahwe als Inbild des Heils

Unter den zukünftig-endzeitlichen Hoffnungsbildern Israels war das Symbol des Festmahls vor Jahwe eines der farbigsten und intensivsten Bilder des Heils. Besonders in Jesaja 25,6–8 wird die Lebens- und Erfahrungsnähe des Mahles als Inbild ganzheitlichen, auch den Leib umfassenden Heils deutlich beschrieben.

Wenn nun Jesus demonstrativ mit Sündern und Zöllnern Tischgemeinschaft hält, so geraten auch diese Mahlzeiten – zumal angesichts solcher Tischgäste, mit denen die damaligen Frommen nichts zu tun haben wollen – in den Glanz und anbrechenden Jubel der endzeitlichen Freudenzeit, die für Jesus schon in der Gegenwart anbricht und die es im Vorgriff hier und heute zu feiern gilt (vgl. Mk 2,18–22 par). Und wenn er mit Zöllnern und Sündern, aber auch mit Pharisäern, und ganz besonders mit denen, die seinem Wort glauben und ihm nachfolgen, im gemeinsamen Mahl die Nähe der Gottesherrschaft, ja ihr Anbrechen feiert, so leuchtet in solchem gemeinsamen Tun »die Freude des Himmels« auf, daß das Verlorene wiedergefunden ist und die Totgeglaubten leben (vgl. Lk 15,5f.9f.32). Und so ist es stimmig, wenn die seltsam-hintergründigen Geschichten, die Jesus erzählt – auch um sein eigenes Verhalten zu deuten –, oft in der Ansage eines Festes oder Festmahles gipfeln, das ob der Freude des Wiederfindens gefeiert werden »muß« (vgl. Lk 15,6.9.23f.32f).

Von hierher gesehen ist nicht der geschlossene Kreis, sondern die nach allen Seiten offene Runde, nicht der Altartisch und das kultische Mahl im Tempel, sondern der festlich gedeckte Tisch eines irdisch-normalen Festmahls oder einer öffentlichen Hochzeitsfeier das charakteristische Symbol der Reich-Gottes-Vision des Jesus von Nazaret. Und die uns im Neuen Testament überkommenen Deutungen – von Lk 15 über Gal 2 bis Apg 10 – sind von der Gewißheit erfüllt, daß in dieser Offenheit und Lebensdichte der Tischgemeinschaft um Jesus der universale Heilswille Gottes selbst, die Offenheit seines Reiches – zuerst für die Sünder und dann auch für die Heiden – zum Ausdruck kommt und wirklich wird. Dabei ist die außergewöhnliche Zusammensetzung der Tischgemeinschaften, die mit Jesus oder in seinem Namen zusammenkommen, nicht einfach Bild für etwas anderes, noch Ausstehendes, sondern bereits Vorgeschmack und Unterpfand des endzeitlich-endgültigen Heiles selbst. Das alle Völker einbeziehenwollende, universale Heilsangebot von Gott her wird in der Offenheit der Tischrunde erfahrbar und zugleich präsent. Die Mahlzeiten mit und um Jesus werden für die Teilnehmenden zu Vorfeiern der Gottesherrschaft, zu Geschehnissen in der Dichte eines Symbols, zum »Sakrament«.

Auch für Jesus selbst steht sein letztes Mahl, getragen von der Zeichenhaftigkeit des jüdischen Pesachmahles, gefeiert im Angesicht des Todes zusammen mit seinen Jüngern, ganz im Vorschein der Hoffnung auf ein baldiges Neu-Feiern im Reich Gottes: »Amen, ich sage euch: Ich werde von der Frucht des Weinstocks nicht mehr trinken – bis zu dem Tag, da ich (mit euch) neu davon trinke im Reich Gottes« (Mk 14,25; vgl. Mt 26,29; Lk 22,18).

Und nach Ostern wird die beginnende Kirche im geschwisterlichen Mahl sich der bleibenden Gegenwart des Gekreuzigt-Auferstandenen immer wieder neu versichern und vergewissern (vgl. Lk 24,13–35.36–43; Apg 2,42; Joh 21,1–14; 1 Kor 11,17–34).

Reale und sakramentale Tischgemeinschaft

Ein Einwand drängt sich an dieser Stelle auf: Feiern wir als Kirche seit dem letzten Mahl Jesu, seit seinem Tod und seiner Auferweckung durch Gott, nicht »Abendmahl«, »Eucharistie« als sakramentale Vergegenwärtigung seines Leidens und Sterbens? Ist das nicht etwas »ganz anderes«, weit »Gewichtigeres« und »Heiligeres«, als die Mahlzeiten des irdischen Jesus mit Zöllnern und Sündern und Jüngern und Jüngerinnen je waren und sein konnten? Handelt es sich also bei unseren Zusammenkünften zur sonntäglichen Eucharistiefeier nicht um das »größere« Vermächtnis und die »größere« Gabe – nämlich die des sich in Person für uns und unsere Sünden sterbend in den Tod gebenden Jesus Christus? Geht es folglich hier und heute nicht um ein ganz »anderes«, »geisterfülltes« Brot (vgl. 1 Kor 10,3), als dies je im alltäglichen Brot oder gar im Reis (wie auf dem Hungertuchbild) zum Ausdruck kommen kann, und um ein ganz anderes

»Geheimnis« im Becher, als sich durch einen Krug aus Ton oder eine Chiantiflasche anzeigen läßt? Will nicht auch der Künstler durch seine Darstellung auf solche Unterscheidungen und Unterschiede aufmerksam machen?

Doch wir sollten die Verbindungslinien und Brücken nicht übersehen, die der Maler verschlüsselt in die Mahlszene seines Hungertuchs eingezeichnet hat: die, die vom Tod und der Auferweckung Jesu zum irdischen Jesus zurückführen, wie jene, die aus dem Wirken des irdischen Jesus auf seinen Tod

und die Zeit der Kirche vorweisen. Da sind die fünf Brote und die zwei Fische (vgl. Mk 6,38 par), die Hand eines Kranken, die Heilung erbittet (vgl. Mk 3,3 par), die Frau, aus der sieben Dämonen ausgetrieben werden mußten (vgl. Lk 8,2; Mk 16,9), die gegenseitige Verbundenheit von Mann und Frau in der Ehe, für die Jesus neu den Blick geöffnet hat (vgl. Mk 10,2–12 par), die Kinder, die von Jesus gesegnet wurden und die in besonderer Weise dem Reich Gottes nahestehen (vgl. Mk 10,13–16 par). Aber zugleich ist unübersehbar der große Becher, randvoll mit rotem Wein, in dem sich das Antlitz des Gekreuzigt-Auferweckten spiegelt und der den »Neuen Bund in seinem Blut« symbolisiert und gegenwärtig setzt (vgl. 1 Kor 11,25; Lk 22,20), in die Tisch- und Bildmitte gestellt; und die Hände, die die Geste des »Brotbrechens« vollziehen (vgl. Lk 24,30f), tragen die Wundmale, woran man untrüglich IHN, den Auferstandenen als den Irdischen und in den Tod Gegangenen wiedererkennt (vgl. Joh 20,20.25).

Das bedeutet zunächst, daß es sich in der auf dem Hungertuch dargestellten Tischgesellschaft nicht um irgendeine beliebige Runde, eine lustige »Party« oder unverbindliche »Fête« handelt, sondern um eine menschliche Gemeinschaft, die aus dem Lebenszeugnis und der Lebenshingabe dessen erwächst und davon lebt, der hier letztlich das Brot bricht und dessen unverwechselbares Gesicht sich im Becher in der Mitte spiegelt. Aber war nicht schon vor Ostern das Kriterium für die buntgemischte Schar der Mahlgäste Jesu, daß sie nicht aus Sensationslust kamen, sondern »um Jesus zu sehen« und »um ihn zu hören«? (vgl. Lk 19,3; 15,1)

Unsere Kirche hat im Lauf ihrer Geschichte ihr Hauptaugenmerk statt auf die Tischgemeinschaft und ihre bleibende Offenheit immer stärker auf die Besonderheit der eucharistischen Gaben gerichtet und die »Realpräsenz Christi in Brot und Wein« in den Mittelpunkt gerückt. Aber sie hat weit weniger auf die dieser voraus- und zugrundeliegende »Realpräsenz der Gottesherrschaft« in den Mahlgemeinschaften mit und um Jesus geachtet. Seit dem hohen Mittelalter bezeichnet sie die Gaben von Brot und Wein, über die das Wandlungswort gesprochen wurde, als den »wahren Leib Christi«. Aber sie hat demgegenüber die ältere Überzeugung, daß die Gemeinde am Ort, die Kirche aus Juden und Heiden, Sündern und Gerechten, Armen und Reichen der »wahre Leib Christi«, der »leibhafte Christus« ist, der aus der Teilhabe am eucharistischen Brot und Kelch sich aufbaut, zu sehr in den Hintergrund geraten lassen (vgl. 1 Kor 10,16f; 11,29; 12,12f). Sie hat im Lauf der Zeit den Kreis der zum eucharistischen Mahl Zugelassenen möglichst genau zu definieren und auf die einzugrenzen versucht, die »dazugehören«. Aber sie hat sich von Jesus her weit weniger verpflichtet gesehen, nicht nur für die »Ersterwählten«, die »Honoratioren« sozusagen, einen Platz an diesem Tisch freizuhalten, sondern mit vergleichbarer Sorge auch für »die Krüppel und Lahmen, die nicht leichtfüßig und selbstgewiß den Weg des Glaubens gehen können« (Werbick, S. 216).

Kirche – eine Tischgemeinschaft?

So gesehen ist es ein »Ärgernis« im tiefen biblischen Sinn, daß die christlichen Kirchen immer noch nicht zu einer einzigen Tischgemeinschaft im Namen Jesu zusammengefunden haben. Nicht darin liegt der eigentliche Skandal, daß es unterschiedliche Abendmahlsdeutungen in der Christenheit gibt, sondern darin, daß diese bis heute zu getrennten Abendmahlstischen führen, statt als »Vielfalt in der Einheit« oder im Sinn einer »versöhnten Verschiedenheit« im gemeinsamen »Herrenmahl« überwunden zu werden. Schon damals in Antiochien hatte Paulus dem Petrus »ins Angesicht« widerstanden, weil dieser aus Furcht vor den Jakobusleuten die von ihm bis dahin praktizierte Tischgemeinschaft mit den Heidenchristen aufgegeben hatte (vgl. Gal 2,11 f). Und bis in unsere Tage sieht sich unsere Kirche nicht in der Lage, Eucharistiefeier und Abendmahl vor allem als »Mahl unterwegs« und »Wegzehrung« für die Kirche selbst zu begreifen; statt dessen wird die Eucharistie zur »Vollgestalt« christlicher und kirchlicher Einheit hochstilisiert, weswegen ökumenische Gottesdienste, zumal verbunden mit dem Abendmahl, oder Vorstellungen einer »eucharistischen Gastfreundschaft« offiziell nicht zugelassen sind.

Ein vergleichbares fundamentales Ärgernis besteht darin, daß wir als katholische Kirche im Blick auf das Amt in der Kirche und den damit verbundenen Vorsitz bei der Eucharistie die der Erfahrung umfassenden Heils entsprungene »neue« Realität schon früh verloren und bis heute nicht zurückgewonnen haben: daß es »in Christus nicht mehr Juden und Griechen, nicht Sklaven noch Freie, nicht »männlich« und »weiblich« gibt« (Gal 3,28; vgl. Gen 1,27 LXX). Die überkommenen, Menschen voneinander trennenden und gegeneinander abwertenden Unterschiede sind »in Christus«, d. h. in den christlichen Gemeinden, aufgehoben und überwunden. Müßte nicht endlich auch unsere Kirche, in der Frauenfrage längst »gesellschaftliche Nachhut«, an diesem Punkt über ihren langen Schatten zu springen vermögen – nicht zuletzt deshalb, weil sie es »sich nicht länger leisten« und es »vor ihrer Sendung nicht länger verantworten« kann, »so weitgehend wie bisher nur auf männlich geprägte Erfahrungsmuster, Seelsorge- und Verkündigungsschemata festgelegt zu sein«? Und sie darf um so weniger die Frauen auf Dauer vom kirchlichen Amt ausschließen, »als sie den Geweihten ein nahezu unbeschränktes Gestaltungsrecht in allen wesentlichen Belangen der Kirche reserviert und die Laien nur zu Hilfsdiensten zuläßt« (Werbick, S. 210 f.)!

Ebenso bleibt es ein Anstoß für viele, daß wir die Tatsache, daß Jesus »Sünder« gerufen und mit ihnen Mahl gehalten hat, daß er Glauben und nicht Moral verkündigt hat, daß »keiner« von uns »gerecht ist, nicht einer« (Röm 3,10; vgl. Ps 14,1), daß es ein »Schuldigwerden« und »Scheitern« auch unter Glaubenden gibt, so sehr verdrängt haben, daß wir – wiederum offiziell – wiederverheiratete Geschiedene ohne Rücksicht auf ihre konkrete Situation von der

Kommunion und vollen Teilnahme an der Tischgemeinschaft Jesu fernzuhalten suchen – als wären nur sie »verlorene Söhne und Töchter« und nicht wir alle, die doch täglich neu der Vergebung und Wiederannahme bedürfen! Müßte unsere Kirche, müßten nicht wir alle Maß nehmen lernen an der unvoreingenommenen Gastlichkeit Jesu und seiner für viele ärgerlichen, weil herausfor-

dernden Mahlpraxis neu zu entsprechen suchen? Erst wenn wir bereit sind, in der Gemeinde auch mit solchen zusammenzusitzen und das Brot zu teilen, die »man« am liebsten »draußen« halten und schon gar nicht zum Tischnachbarn haben möchte, sind wir »Leib Christi« im Sinne Jesu und nicht mehr verwechselbar mit einer nach

außen abgeschlossenen, nur um sich selbst kreisenden Gruppe, der man den »Geist Christi« nicht mehr anmerkt, sondern weit eher den »Un-Geist der Rechthaberei, der Besitzstandswahrung, der Lebensangst« (Werbick, S. 298).

Wie könnten wir schließlich in der vernetzten, Einen Welt von heute glaubwürdig »Leib Christi« sein, wenn wir nicht bereit wären, uns für eine weltweite Tischgemeinschaft zu öffnen, uns mit Interesse, Sympathie und Solidarität den Nöten und Kämpfen zumal der armen und bedrängten Schwestern und Brüder in aller Welt zuzuwenden – in jenen fernen und doch nahen Teilwelten oder Erdteilen, deren Repräsentanten uns das Hungertuch als unsere Tischgenossen und Mit-Glieder des Christusleibs vor Augen stellt? Und wie könnten wir dies ernsthaft wahrmachen und leben – nicht bloß mit dem Kopf, sondern auch mit dem Herzen, mit Hand und Fuß –, wären wir nicht immer wieder aufs neue bereit, wenigstens von unserem Überfluß mit ihnen zu teilen – mit Menschen, denen selbst das fehlt, was wir als unverzichtbar für ein menschenwürdiges Leben ansehen!

Daß solches Offenwerden nicht immer einfach ist, daß es auf Widerstände stößt, Ängste auslöst, Feindschaft einbringt, ja sogar das Leben kosten kann – wer von uns wüßte dies nicht angesichts der Geschichte und des Schicksals des Jesus von Nazaret? Aber ER als der bis in den Tod hinein treue und deshalb von Gott beglaubigte Zeuge schlechthin trägt auch die Vision der Tischgemeinschaft, wie das Mittelbild des Hungertuchs weiß.

Zu danken ist dem Maler und Glaubensbruder Sieger Köder, daß er die Herausforderung dieser Tischgemeinschaft so einleuchtend und einladend vor unseren Blick gerückt hat.

Rolf Baumann

Verwendete Literatur

Meinrad Limbeck, Die nichts bewegen wollen! Zum Gesetzesverständnis des Evangelisten Matthäus, in: Theologische Quartalschrift 168, 1988

Jürgen Werbick, Kirche. Ein ekklesiologischer Entwurf für Studium und Praxis, Freiburg 1994

Heilende Wasser

Erfahrungen, die Menschen mit sich selber und mit Gott gemacht haben und die auf jeder Seite der Bibel zu finden sind, in Bilder umzusetzen und dem Betrachter so »zuzusprechen«, daß er nachdenklich und womöglich betroffen wird, das möchte Sieger Köder mit seinen Bildern erreichen.

Bei mir hat es eine ganze Weile gebraucht, bis das Betesdabild zu sprechen begann. Schließlich ging mir als erstes auf, was für Sieger Köder Wunder bedeuten könnten: gegenseitige Hilfe. Ein zweites kam hinzu. Die Menschen auf dem Bild mußten Namen bekommen: die Frau, die aus einer Schale Wasser trinkt, das sich zärtlich umfangende Paar, die Männer, die den Schwarzen tragen, der Mann auf Krücken. Und ein drittes ist zu bedenken. Was bedeutet das Sakrament der Taufe? Eingetauchtwerden in den Heilsweg Jesu, hineingenommen werden in sein Leben, Sterben und Auferstehen.

Heilwerden – auf eigenen Füßen stehen können

Für das Erste Testament wird ein Geschehen zum Wunder dadurch, daß es Gottes Präsenz und Wirksamkeit in der Welt, seine Fürsorge für Israel und für die Menschen überhaupt, seine Macht und Liebe, sein Erbarmen und seine Huld mit besonderer Intensität zeigt, so daß sie Bewunderung auslöst. Höhepunkt des wundermächtigen Wirkens Gottes für sein Volk ist die Herausführung aus der ägyptischen Knechtschaft. Hier zeigt sich in einer unüberbietbaren Weise, daß die Wunder und Zeichen eine Tatkundgebung, eine Verdeutlichung des Wortes Gottes sind, um die Gotteserfahrung der Glaubenden sinnenfällig darzulegen. Befreiung wird in ihnen angesagt. Das Geschenk des Lebens wird ihnen vermittelt.

Ganz auf der Linie des Glaubensverständnisses der Wunder und Zeichen im Ersten Testament liegen auch die Wunder und Zeichenhandlungen Jesu. In ihnen sollen die wunderbaren Wirkungen des Gottesreiches spürbar werden, da den Kranken Heilung, den Blinden Licht und Erkenntnis, den Lahmen ein befreites Gehen, den Aussätzigen Reinheit, den Tauben ein neues Gehör und damit ein vertieftes Verständnis für das Reich Gottes und den Toten ein unzerstörbares Leben geschenkt werden (vgl. Mt 11,5). Damit wird angesagt: Gottes

Zukunft wirkt schon in die Gegenwart hinein. In Jesus, in seinen Worten und Taten bricht etwas von der Macht Gottes durch, die seine Gottesherrschaft ausmacht.

Die Wundererzählung der Krankenheilung am Betesdateich (Joh 5,1–9) steht wie alle übrigen »Zeichen« im Johannesevangelium im Dienste der christologischen und soteriologischen Verkündigung Jesu, des endgültigen Heilbringers Gottes und seines Werkes.

Die Erzählung von der Heilung des Lahmen bietet ein Bild des Elends. Blinde, Gelähmte, Verkrüppelte liegen in verzweifeltem Warten am Teich in der Nähe des Schaftores, einem Schutz- und Asylgelände für die Behinderten der Stadt Jerusalem. Alle sind sie erfüllt von Erwartungen, die sie in die heilende Kraft des Wassers und in die Hilfe Gottes setzen.

Der Gelähmte, vor dem Jesus stehenbleibt, teilt mit den vielen Kranken die Hoffnung auf ein »Wunder«.

Mitleid mit einem Kranken zu haben, ist ein erster Schritt auf ihn zu, ihn aus seiner Lethargie und Einsamkeit zu reißen. Die eigentliche Krankheit des Lahmen besteht darin, daß er schon 38 Jahre am Teich liegt, völlig hoffnungslos. Mitten im Leben fühlt er sich vom Tode gezeichnet. So erweckt das Sich-Herabbeugen die Hoffnung, in die dunkle, jahrelange Krankheit könnte ein Lichtblick fallen. Weit mehr als der Kranke zu hoffen wagt, wird ihm gewährt: unversehens ist er gesund.

Die Heilung des Kranken am Betesdateich sagt: Jesus stellt den Kranken wieder auf seine eigenen Füße. Er gibt ihm aufs neue Lebensmöglichkeit, holt ihn gleichsam zurück ins Leben. Ihm wird sein volles Menschsein geschenkt. Er kann sich lösen aus seiner Gebundenheit, kann umhergehen und den bezeugen, der ihn wieder in das Leben zurückholte. Aber Jesus schenkt noch mehr, nämlich Heil in Fülle. Jesus weist sich aus als der verheißene Messias, als der Heilbringer Gottes, als wahres Licht, als wahres Lebensbrot, das Auferstehung und Leben verheißt. Der Kranke, befreit von aller Fremdbestimmung, die die Krankheit mit sich brachte, ist hineinversetzt in die Selbstbestimmung. Das ist für ihn so, als wäre er ein zweites Mal geboren worden. Das ist Auferwecktwerden.

Betesda – Lebensquelle

Sieger Köder hat im Betesdabild den Teich beim Schaftor in Jerusalem verstanden als einen Teich mit Wasser, das Heil und Leben birgt. Menschen stützen und tragen sich. Einer hilft dem anderen, zum Lebenswasser zu gelangen. Im Wasser, schemenhaft angedeutet, ist die Gestalt Jesu zu erkennen. Das *Leben* spiegelt sich im Wasser. Sieger Köder hat das Psalmwort ins Bild gesetzt: »Denn bei dir ist die Quelle des Lebens« (Ps 36,10). Auch die prophetische Einladung findet sich im Bild: »Auf, ihr Durstigen, kommt alle zum Wasser« (Jes 55,1).

Jesus ist die Erfüllung der prophetischen Verheißung, denn das Leben, das Jesus bringt, gleicht dem Wasser, das im Menschen zur sprudelnden Quelle wird und hinüberreicht in die Ewigkeit (Joh 4,14).

Der Glaube an das Leben, das kein Tod zu beenden vermag, nimmt zu. Im Ersten Testament wird dies – verhalten noch – angedeutet, beispielsweise in der phantastischen Vision des Ezechiel vom Feld mit den Totengebeinen (Ez 37,1–14) oder bei Hosea (6,1–3), wo vom Verwunden und Verbinden und schließlich vom Zurückgeben des Lebens gesprochen wird. Ein solcher Glaube liegt auf der Linie, daß Jahwe sein Volk, insbesondere die Frommen, nicht zugrundegehen läßt. Er ist der Gott des Lebens, der auch die Toten wiederbelebt. Es ist die Überzeugung, daß die Gemeinschaft des Menschen mit dem lebendigen Gott, wie sie der Fromme erfahren hat, durch den Tod nicht unterbrochen werden kann.

Wunder – gegenseitige Hilfe

Mit dem Betesdabild hat Sieger Köder ein »zeichengebendes Ereignis« (P. Tillich) gemalt. Wie so oft in den Bildern ist auch hier theologische, subtile Begrifflichkeit übersetzt. Für Sieger Köder ist Wunder etwas höchst Einfaches, etwas Alltägliches und gerade darum etwas Staunenmachendes. Wunder ist für ihn: Menschen helfen einander in ihren Gebrechen und Krankheiten. Sie gehen aufeinander zu, stützen und tragen sich und erfahren darin die erlösende Zuwendung Gottes. Selbst der Alleinstehende am unteren Bildrand, der niemanden zu haben scheint, der ihm hilft, ist noch ein Bild der Hoffnung. In seiner Verlassenheit scheint er aus dem Bild herauszugehen auf den Betrachter zu, um Hilfe zu erbitten.

Nicht von ungefähr spiegelt sich im Wasser die Gestalt Jesu. Denn Wunder wollen den Menschen im letzten vor das eine und einzige Wunder stellen, das seinen Glauben fordert: daß Jesus der Verkünder und Bringer der anbrechenden Gottesherrschaft ist, daß in ihm, dem Sohn ohnegleichen, Gott selbst erlösend spricht und handelt.

Durch die Spiegelung der Gestalt Jesu im Wasser wird das Wasser zum Lebenswasser: ins Bild gesetzte Sakramentalität.

Mit den Kranken ins Gespräch kommen

Das Betesdabild ist ein »ansprechendes« Bild. Die Menschen im Bild fordern den Betrachter geradezu auf, mit ihnen ein Gespräch zu führen.

Ist die trinkende Frau die Samariterin, die zum Jakobsbrunnen kam, um Wasser zu

schöpfen (Joh 4,7–30)? Die samaritanische Frau wird von Jesus, der auf dem Brunnen sitzt, erkannt. Die Frau spürt, da spricht einer mit ihr, der gibt ihr das, wonach sie zeitlebens auf der Suche ist: Wasser, das ihren

Durst stillt. Jesus bringt Sinn in ihr Dasein. Die Frau kann nicht anders, als das »Wasser« in vollen Zügen genießen. Es soll sie durch und durch durchdringen. Sie wird selbst zum sprudelnden Quell, der Leben schenkt (Joh 4,14). Erkannt ist die Frau von Jesus. Und sie erkennt, wer Jesus ist: der Gesalbte, der Messias, der Retter der Welt

(Joh 4,25.42). Wer aber erkannt worden ist, darauf läuft das Gespräch mit der Frau am Jakobsbrunnen hinaus, erkennt nicht nur sich selbst, sondern auch das, was er zu tun hat. Er wird zum Zeugen, der sagen kann, woraus und wovon er lebt (Joh 4,39).

Wer könnte das Paar sein, das sich zärtlich umfängt? Ist es einer der vielen Blinden, der zu Jesus geführt werden muß, damit es um ihn licht wird? Nennen wir den Geführten den blinden Bartimäus (Mk 10,46–52). Als »Blinder« ist er sehender als die Sehenden. Er erkennt in Jesus den Messias, den Sohn Davids, das Erbarmen Gottes. Bartimäus geht ein Licht auf. Er spürt, er ist dem begegnet, der ihm eine neue Lebensperspektive eröffnet. Ihm nachzufolgen, heißt, nicht mehr in der Finsternis umherzugehen, sondern das Licht des Lebens gefunden zu haben (Joh 8,12).

Wenn wir uns weiter auf die Menschen des Betesdabildes einlassen, dann könnten die zwei Männer, die den Schwarzen tragen, diejenigen sein, die sich durch nichts abhalten lassen, einen Gelähmten zu Jesus zu bringen (Lk 5,17–26; vgl. Mk 2,1–12). »Sie wollten ihn ins Haus bringen und vor Jesus hinlegen« (Lk 5,18). Betesda – Haus der Barmherzigkeit ist für sie nicht nur der Ort am Schafstor in Jerusalem, sondern ist überall dort, wo an die Heilkraft, die von Jesus ausgeht, unerschütterlich geglaubt wird. Betesda ist dort, wo miteinander und füreinander geglaubt wird. Wo das Vertrauen in Jesus so groß ist, daß dieser Glaube, getragen von der Liebe, Berge zu versetzen vermag (1 Kor 13,2). Hier wird noch mehr geschenkt als das, was erhofft wird: Sündenvergebung und Heilung (Lk 5,20). Eingetaucht in das reinigende Wasser stirbt der Kranke der Sünde, um aufzuerstehen zu einem neuen Leben (Röm 6,3–11). Das Aufstehen geschieht in einer doppelten Weise. Erlöst von Schuld und Sünde steht nun nichts Trennendes mehr zwischen Gott und Menschen. Befreit von der Lahmheit kann der Kranke aufatmen und wieder umhergehen und zu sich finden. Weil er getragen wird in seiner Krankheit und in seinem Vertrauen, findet er das Leben.

Einer der schönsten Namen für Gott ist hier ins Bild gesetzt: »Freund des Lebens« (Weish 11,26).

Eine ganz neue Seite des Bildes öffnet sich, wenn uns im Mann auf Krücken am rechten Bildrand Ijob begegnet. In der Gestalt des Ijob ist die Leidensgeschichte des Volkes Israel gebündelt. Im Grunde wird hier die Frage nach dem Sinn des Leidens gestellt.

»Sie saßen bei ihm auf der Erde sieben Tage und sieben Nächte; keiner sprach ein Wort zu ihm. Denn sie sahen, daß sein Schmerz groß war« (Ijob 2,13), heißt es von den Freunden, die Ijob in seiner Not und in seinem Geschlagensein beistehen wollen. Sie zeigen Solidarität im Leiden. Sie spüren, jedes Wort würde eine leere Hülse bedeuten. Sie begreifen, Mitleiden besteht im einfachen Anwesendsein. Schweigen kann beredter sein als tröstende Worte.

Mit vielen Kranken verflucht Ijob den Tag seiner Geburt (3,1–26), denn mit seinem

Geborenwerden begann die Krankheit, nahmen das Leid und der Schmerz ihren Lauf. Viel Bitterkeit liegt in der Klage. Dahin ist die Gottesfurcht, die Zuversicht gab. Dahin ist die Hoffnung, die den lauteren Lebensweg ausmachte (Ijob 4,6).

Daß Kranke klagen dürfen, ist nicht nur ihr gutes Recht, sondern heilsnotwendig. Denn indem sie klagen, schreien sie sich aus ihrer Isolation heraus. Es kann der Exodus aus der lähmenden Ohnmacht der Selbstzerfleischung beginnen. Nicht daß die Klage das Leiden bewältigen könnte, aber sie ist der erste Schritt, auch im Leiden aktiv zu werden und zu sich selbst zu finden.

Ijob ist überall dort, wo Not ist, wo Elend, Hunger und Unterdrückung zusammenkommen. In ihm treffen sich die Schmerzen. Sie zerreißen ihn und machen ihn zu einem einzigen Aufschrei. Ijob steht für die Menschen, die sich blind geweint und stumm gefragt haben. Er steht für die Menschen, die

am Ende sind, weil sie zu oft und zu viel »Warum« geschrien haben.

So scheint auch ein markdurchdringender Schrei über die Lippen des Lahmen zu kommen. Klage und Anklage zugleich! Aufschrei und Suchfrage nach Gott! Fragt, schreit und sucht der Lahme nicht gleich dem, der an das Kreuz gebunden ist? Beide sind gebunden. Der eine ist gebunden an das Kreuz; der andere ist durch seine Krankheit gebunden an die Bahre.

Beim Betrachten fragt man sich: Welche Dunkelheiten können über einen Menschen kommen, wenn alles Dasein seinen Sinn verliert? Gott wird dann mehr als fraglich. Verfinstert das Antlitz, kein Licht mehr zwischen Gott und dem Fragenden, nur noch klagender Schrei.

Sören Kierkegaard hat von Ijob gesagt: »... und als alles barst, da wurdest du des Leidenden Mund und des Zerknirschten Stimme und des Geängstigten Schrei und eine Linderung allen, die in Qualen verstummten, ein getreuer Zeuge von aller Not und Zerrissenheit, die in einem Herzen wohnen kann, ein untrüglicher Fürsprecher, der es wagte, »in der Bitterkeit der Seele« Klage zu erheben und zu streiten wider Gott.«

Den Ausgegrenzten Hoffnung

Wenn Ijob in der Gestalt des Lahmen gesehen wird, dann ist das Bild eine Mahnung gegen das Vergessen. Es ruft auf, die nicht zu vergessen, die geschunden und zerschlagen, krank und verletzt an den Rand gedrängt werden. Es ist ein Anstoß, das Leid nicht hinzunehmen und die Leidenden zu vertrösten, sondern die gesellschaftliche Wirklichkeit zu verändern, die häufig Ursache von Elend und Not ist.

Daß hier mehr als eine Heilungsgeschichte erzählt wird, auch mehr gesehen werden kann als der blinde Bartimäus und der von zwei Männern getragene Lahme, mehr als Ijob und die Frau am Jakobsbrunnen, liegt auf der Hand. Aus diesem Bild weht der Geist Jesu. Der bewahrt davor, die biblischen Begebenheiten bloß zu wiederholen. Er läßt uns die Nöte heutiger Menschen sehen und zeigt uns, was uns Krankheit, Not und das Suchen und Fragen lehren können. Umgekehrt werden wir auf die unabdingbaren Grundlinien des Willens Gottes verwiesen. Es geht um ein Bewußtmachen einer Lebenshaltung, die sich einiges abverlangt und zugleich Gott vertraut.

Jesus stellt die Geheilten nicht von ungefähr auf die eigenen Füße und verweist sie damit auf ihren ureigenen Weg, den sie nun gehen können und auch zu gehen haben. Übersetzt heißt dies, die Armen und Kranken in die Lage zu versetzen, daß sie ihren eigenen Entwicklungsweg erkennen und auch gehen können. Das bedingt, den Selbsthilfewillen und die Selbsthilfefähigkeit zu fördern und die Notleidenden solidarisch zu begleiten. Bei dieser Form der Hilfeleistung geht es immer um ein wechselseitiges Geben und Nehmen. Der Hilfeleistende lernt vom Notleidenden. Nicht nur daß er Notlagen ken-nenlernt, sondern er sieht, mit welchem Überlebenswillen, mit welcher Zähigkeit, mit welcher Kraft und Anstrengung an einer Veränderung der unguten und menschenunwürdigen Verhältnisse gearbeitet wird. Das wiederum verändert das Bewußtsein des Hilfeleistenden und mobilisiert neue Kräfte.

Eingetaucht in das Sakrament

Ein Sakrament empfangen heißt, eintreten in die von Gott ausgehende Geschichte in dem Glauben, daß dies die rettende Geschichte ist, die wahrhaft leben läßt. Eine nüchterne, theologische Aussage, die Sieger Köder in seinem Betesdabild, wie ich es sehen und verstehen möchte, veranschaulicht. Das Betesdabild umgreift sowohl die rettenden Wasser des Schilfmeeres (Ex 14,21) als auch die wie ein Wall dastehenden Fluten des Jordans beim Einzug in das gelobte Land (Jos 3,16), ebenso das von der Krankheit des Aussatzes reinigende Jordanwasser (2 Kön 2,8). Weiter ist die Linie zu ziehen zum Taufwasser Johannes des Täufers, das er aus dem Jordan schöpft. Johannes vollzieht den Ritus der Taufe zum Zeichen der Umkehr und Erneuerung des Lebens. Zugleich weist seine Taufe auf den hin, der mit dem Heiligen Geist und Feuer taufen wird (Mt 3,11). Denn Jesus, »Jehoschua« – Gott ist Hilfe und Gott ist mit uns – verbindet sich im Sakrament der Taufe mit den Menschen, die den Aufbruch in seinen Fußspuren wagen und die sich, ihm gleich, hineintaufen lassen in die Weg- und Schicksalsgemeinschaft der Armen und Mißachteten.

Das Betesdabild spricht davon, daß hier Befreiung im umfassenden Sinn des Wortes geschieht. Eingetaucht in das Wasser der Barmherzigkeit, wird das Fest der Errettung der Menschen aus dem Meer der Heillosigkeit, der Unterdrückung und Mißachtung gefeiert, eben jene Gewißheit, daß Jesus, der Gekreuzigte, nicht untergehen läßt, sondern hinüberträgt in das Leben.

Jesus – gebunden an den Vater

Das Bild von der Heilung der Kranken am Betesdateich ist in einer sehr deutlichen Weise mit dem Mittelbild verbunden. Sieger Köder will sicherlich das »Wunder« nicht ohne die sich daran anschließende Auseinandersetzung Jesu mit den Juden sehen und verstehen.

Wenn der Gekreuzigte als der Gebundene im Wasser erscheint, liegt darin die Aussage, daß Jesus sich ganz und gar an den Vater gebunden versteht. Seine Speise ist es, den Willen dessen zu tun, der ihn gesandt hat (Joh 4,34). Die Offenbarungsrede (Joh 5,19–47) betont, daß Jesu Ursprung und sein Wollen und Wirken nicht in ihm selbst liegen, sondern er ist gesandt und handelt im Auftrag. »Der Sohn kann nichts von sich aus tun, sondern nur, wenn er den Vater etwas tun sieht. Was nämlich der Vater tut, das tut in gleicher Weise der Sohn« (Joh 5,19). In diesen Worten zieht das Johannesevangelium die Linie von Jahwe, der führend und helfend für die Seinen da ist, bis hin zu Jesus, der in gleicher Weise wirkt und sich eins mit Gott, seinem Vater weiß. Darum kann er die gleichen Werke wirken, ja noch größere und staunenerregendere: die Toten auferwecken und lebendig machen (Joh 5,21).

Das ist es, was im letzten im Betesdabild ausgesagt wird. Jesus ist gekommen, um Leben in einer unerwarteten Fülle zu schenken. Dieses Leben kommt den Menschen zu in den Werken, die Jesus wirkt und die dafür Zeugnis ablegen, daß er vom Vater gesandt ist (Joh 5,36).

Immer ist es so: Wer Jesus hört, hört Gott, dessen Wort er redet (Joh 3,34; 17,8), und wer Jesus sieht, sieht Gott (Joh 14,9). Die unbedingte Gebundenheit Jesu an Gott und an den göttlichen Willen zeigt sich in diesen Aussagen. Durch und in Jesus handelt Gott. Ein für allemal ist in Jesus Offenbarung geschehen. Am Verhältnis zu ihm entscheidet sich für immer Tod und Leben; denn der Glaube macht sich fest an ihm und gewinnt in ihm Halt und Stand. Nicht nur, daß die »Stimme Gottes« (Joh 5,37) festgehalten ist in den Schriften, mehr noch, Jesus

ist gestaltgewordenes Wort, »Fleisch geworden« (Joh 1,14).

Vom Abend, an dem Licht sein wird und wo aus Jerusalem lebendiges Wasser zum Meer im Osten und zum Meer im Westen fließen wird (Sach 14,7–8), spricht das Bild. Die Menschen, die in die heilenden Wasser des Betesdateiches hinabsteigen, erfahren schon hier und jetzt die prophetische Verheißung: »Ich gieße reines Wasser über euch aus, dann werdet ihr rein ... Ich schenke euch ein neues Herz und lege einen neuen Geist in euch« (Ez 36,25–26).

Getauft in Blut und Wasser, das aus der Seitenwunde Jesu floß (Joh 19,34), sind sie mit Christus gekreuzigt und begraben und zugleich mit ihm vereinigt in seiner Auferstehung (Röm 6,3–8).

Ein Bild, gefüllt von Leben, das Auferstehung schon ein Stück hier vorkosten läßt und einst Leben für immer erhofft.

Klaus Gouders

Ich habe den Schrei des gekreuzigten Volkes gehört

Schmerzensmann und Gottesknecht

Entstellt sieht er aus. Nicht mehr wie ein Mensch.
Wie einer, vor dem man das Gesicht verhüllt.
Verachtet und von den Menschen gemieden,
ein Mann voller Schmerzen, mit Leiden vertraut.
Mißhandelt und niedergedrückt, in schwere Fesseln gelegt.
Wie auf einen Vogel machten sie Jagd auf ihn.
Er wehrte sich nicht und wich nicht zurück,
hielt seinen Rücken denen hin, die ihn schlugen,
und seine Wangen denen, die ihm den Bart ausrissen.
Sein Gesicht verbarg er nicht vor Schmähungen und Speichel.
Als Verbündeter der Geschlagenen, der Armen, der Gehetzten
versagt er sich der Ordnung des Unrechts.
Von dieser Welt ist er nicht.

Der Schmerzensmann, der Gottesknecht, der Verfluchte schreit:
»Mein Gott, warum hast du mich verlassen?«
Er ruft nach dem Gott der Verfluchten.
Schrei des im Stich gelassenen Menschen.
Schreie der Gefolterten.
Schreie der als Ketzer und Hexen von den Christen Verbrannten.
Schreie der Sinti und Roma, der vergasten Juden und Homosexuellen.
Schreie in den Kranken- und Sterbezimmern.
Schrei – millionenfach wiederholt.
Hinausgeschrien durch das Volk in der Wüste der Städte.
Gemurmelt auf dem Bahnhofsabort,
wenn der Schuß nicht reicht oder zum goldenen wird.

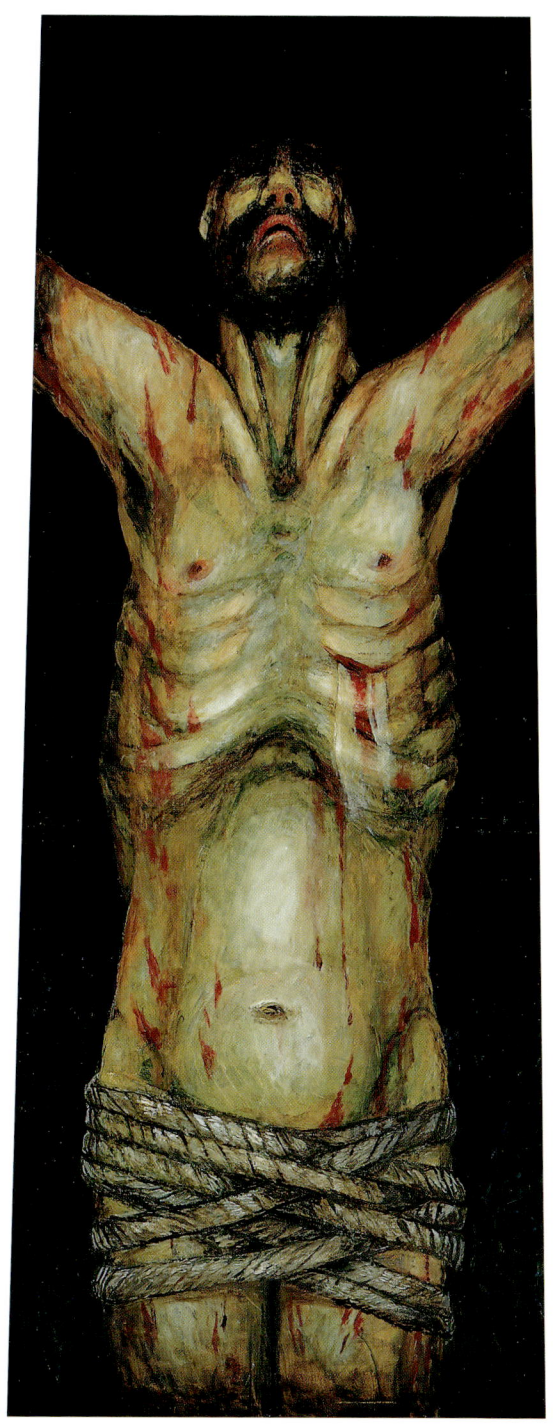

Schrei der Angst, daß alles sinnlos war, daß alles sinnlos wird.
Warum nur kann es nicht anders sein?
Schrei derer, die im Namen des christlichen Abendlandes geopfert werden.

Der Schrei des Schmerzensmannes will uns aufwecken zur Wahrheit,
daß Gott an der Seite der Opfer zu finden ist.

Vor dem Bild des Schmerzensmannes dämmert uns:
»Der Herr, an den wir glauben, geht niemals auf die Jagd.
Aber das sagt noch viel zu wenig,
er steht vielmehr immer auf seiten des Wildes, ja, er ist das Wild.« (Jean Cardonnel)

Gottesknecht und gekreuzigte Völker

Im Gottesknecht, im Schmerzensmann des Hungertuches
haben wir die Gekreuzigten vor Augen.
Die Gekreuzigten unserer Tage
offenbaren uns die Gegenwart des gekreuzigten Jesus.
»Ein Mensch voller Schmerzen, mit Leiden vertraut«
– der Gottesknecht offenbart die Leiden des gekreuzigten Volkes:
Hunger, Krankheit, Wohnen im Müll, ohne Ausbildungsmöglichkeiten,
fehlende Gesundheitsfürsorge, keine Arbeitsplätze.

Schon zu »Friedenszeiten« – wie manche das herrschende Unrecht nennen –
sind die Schmerzen des gekreuzigten Volkes nicht zu zählen.
Maßloses Leid aber trifft die Gedemütigten,
wenn sie sich erheben
und, wie der leidende Gottesknecht, »auf der Erde das Recht begründen« wollen.

Dann fällt die Repression über sie her.
Dann wird das häßliche Gesicht der alltäglichen Armut zusätzlich entstellt
durch die Schrecken der Folter, der Verstümmelung, der Ermordung.
»Entstellt sieht er aus, nicht mehr wie ein Mensch,
so daß wir das Gesicht vor ihm verhüllen.«

Es ekelt uns. Wir verhüllen das Gesicht,
um nicht zu sehen und zu verstehen,

wie sehr wir in die Entstellung verstrickt sind,
wollen uns nicht stören lassen im kleinen Glück,
lassen die Propaganda gelten, die täglich die Entstellung verharmlost.

Wie der Gottesknecht
wird auch das gekreuzigte Volk mißachtet.
Alles hat man ihm genommen, selbst die Würde.
Die Verachtung erreicht den Gipfel,
wenn sich die Ideologie mit religiösen Vokabeln schmückt,
um das Volk im Namen Gottes zu verurteilen:
»Wir meinten, er sei von Gott geschlagen, unter die Verbrecher gezählt.«
Solange das gekreuzigte Volk seine Lage in Geduld erträgt,
hält man es für schlicht, einfachen Geistes, unaufgeklärt,
voller Aberglauben, aber fromm.
Sobald sich das gekreuzigte Volk jedoch entscheidet, leben zu wollen,
sobald es zu Gott ruft, daß Gott es verteidige und befreie,
gilt es als subversiv, terroristisch, kriminell, atheistisch.
Mißachtet und beraubt im alltäglichen Leben,
nimmt man ihm auch im Tode die Würde:
»Bei den Ruchlosen gibt man ihm sein Grab, bei den Verbrechern seine Ruhestätte.«
Oft gibt man den Gedemütigten nicht einmal ein Grab,
man läßt sie einfach verschwinden,
wirft sie aus Flugzeugen zu Tausenden ins Meer,
verscharrt sie in geheimen Massengräbern oder auf Müllkippen.
»Durch Haft und Unrecht wird er dahingerafft
– wie ein Lamm, das man zur Schlachtbank führt.«
Wie der Gottesknecht
erlebt sich das gekreuzigte Volk der Willkür und dem Unrecht ohnmächtig ausgeliefert.
Wo gibt es ein Gericht, das die Sache der Armen verteidigt?
Ein Gericht, das die Armen zumindest anhört
und ihnen dann Recht verschaffen würde?
Man hört die Gedemütigten weder im Leben an,
noch ermittelt man nach ihrem Tode, wer ihre Mörder sind.

Die gekreuzigten Völker sind heute der leidende Gottesknecht.
Unschuldig wie er
– »er hat kein Unrecht getan, kein trügerisches Wort war in seinem Mund« –
werden sie zu Opfern der Gewalt, die andere ihnen aufladen.

»Auf ihm lag die Schuld von uns allen.
Er wurde durchbohrt wegen unserer Verbrechen,
wegen unserer Sünden zermalmt.«
Der Gottesknecht offenbart nicht nur die Wahrheit über das gekreuzigte Volk,
sondern rückt auch die Henker ins Licht.
Der Gekreuzigte von Golgatha verweist uns an die Opfer
von Kriegspolitik, Börsenspekulation und Rüstungsindustrie.

Entlarvung der Religion des Todes

Überall, wo Menschen geopfert werden, sind Götter im Spiele.
Die Götter des Nationalismus, die Götter der Nationalen Sicherheit,
die Götter der freien Marktwirtschaft.
Die Gebote der Götter um uns herum lauten:
Das Leben muß Spaß machen – koste es, was es wolle.
Oder: »Suchen Sie keinen Sinn, sondern Geschmack!«
Oder: »Tu, was dir schmeckt. – Und schon gehört man zu den oberen Zehntausend.«
Diese Art von Religion dient zur mystischen Verhüllung von Krieg und Markt.
Die religiöse Hülle macht die Menschen glauben, sie könnten sich mit Gott gut stellen,
auch wenn sie dabei über Leichen gehen.

Die Gewöhnung ans Unrecht bringt den Geist um Sinn und Verstand,
hält die Wahrheit nieder, macht das Unrecht zur Wahrheit und die Lüge zum Recht.
Dann wissen wir eben nicht mehr, was wir tun.
Wir wissen nicht mehr, daß wir unsere eigene Seele auf Eis legen,
wenn wir uns an Unrecht gewöhnen.
»Sie kennen die Rechtschaffenheit nicht – Spruch des Herrn –,
sie sammeln Schätze in ihren Palästen mit Gewalt und Unterdrückung.«
Wir wissen nicht mehr, daß wir selber zugrunde gehen,
wenn wir andere zugrunde gehen lassen und das auch noch religiös übertünchen.
Dann verwechseln wir den Gott des Lebens mit den Götzen des Todes.
Der Schmerzensmann und die Gekreuzigten entlarven die Religion des Todes.
»Unrecht *und* Gottesdienst ertrage ich nicht. Eure Feiertage sind mir in der Seele verhaßt.«
Sünde wider den Heiligen Geist ist es,
wenn Menschen sich daran gewöhnen, über Leichen zu gehen.
Eine nicht ungefährliche Herausforderung.
Denn wer die Götter des Landes nicht anerkennt, akzeptiert auch die Herren nicht.
Wer die Staatsreligion ablehnt, ist automatisch Staatsfeind.
Und wer dem Gott Jesu folgt, macht die Sache noch schlimmer;
denn mit dem Namen dieses Gottes ist Unruhe, ja, Aufstand verbunden.

Aufstand Gottes

»Ich habe den Schrei meines Volkes gehört!«
Nein, der Gott des Lebens hat die Verfluchten

von Golgatha und Wall-Street nicht verlassen.
Ins Recht gesetzt hat er die Verfluchten, ihnen neues Leben gegeben
und damit jede Rechtfertigung von Menschenopfern aufgehoben.

Der Gott der Gekreuzigten ist jenseits des Systems,
in dem der Mensch des Menschen Wolf ist,
in dem den letzten die Hunde beißen.
Jesu Gott stellt sich unter die Letzten.
Von den Unterdrückten aus fordert Gott Gerechtigkeit.

Daran sind alle, die Jesu Beispiel folgen, zu erkennen.
Gottes Wille geschehe – durch uns, die Gott braucht.
Sie werden tun, was er getan,
ja, Größeres als er werden sie tun,
wenn sie sich miteinander gegen den Tod verbünden:
gegen den Tod des Totschweigens,
des Vergessens,
des Ausgrenzens,
des Überflüssigmachens,
des Davonlaufens,
der Resignation,
des »Da kann man doch nichts machen!«

Im Gekreuzigten, in den Gekreuzigten erscheint uns Gottes Gnade,
Gottes Stärke, Gottes Treue.
Durch die Gekreuzigten kommt allemal ans Licht, wie Gott ist – wehrlos und selbstlos.
»Mein Herr und mein Gott!«
Gott – bis in den Tod – in die Menschen verliebt.
Durch sie kommt allemal ans Licht,
wie jede und jeder von uns sein könnte:
Ein Mensch aus Gott, ein Freund des Lebens, ein Licht,
einer, der nicht aus Eigennutz gelebt,
und nicht vergeblich, fruchtlos, sondern vollendet stirbt.
Wo der Gott des Lebens wirkt, verliert jeder Tod seine Macht.
Tod, wo ist dein Sieg?
Menschen, die keine Angst vor dem Tod mehr haben,
sind auch nicht mehr beherrschbar.
Sie fürchten eher das Unrecht als den Tod; wollen eher Unrecht erleiden als Unrecht tun.

Sie werden den Aufstand Gottes mit Kopf, Hand und Fuß fortsetzen.
Aus dem Geist der Gekreuzigten haben wir alle empfangen,
Gnade um Gnade,
daß wir neue Hände haben,
Hände, die nicht töten können,
Hände, die zärtlich alles tragen, was lebt,
Gottes Hände, die Leben schaffen.
Es sind die entdeckenden Hände des Kindes,
die zärtlich-liebkosenden Hände der Frauen,
die zärtlich-liebkosenden Hände der Männer.
Es sind die rauhen Hände von Bauern,
die schwarzen Hände der Kumpels,
die zerstochenen Hände der Näherinnen in den Maquilas von Guatemala,
die erlahmenden Hände der Schmerzensmütter von Grosny und Sarajevo,
von Ruanda und Chiapas.
Alles tun diese Hände, nur nicht töten.
Aus Nichts erschaffen sie, was ist.
Den Tod bekämpfen sie mit Zärtlichkeit.
Den Haß verwandeln sie in Liebe.
Frieden säen sie, um Leben zu ernten.
Das nennen wir Auferstehung.

Wir halten das Kreuz in Ehren,
weil wir mit dem Namen Jesu von Nazaret an die Spuren der Gekreuzigten erinnern wollen.
Was Gott verbunden hat, dürfen wir Menschen nicht mehr trennen:
Christus und die Befreiung der Gekreuzigten.

Norbert Arntz

Seht, Gott im Menschen
Meditationen von Silja Walter

Sintflut und Arche

Taube Geist,
die über Chaoswassern
vor der Urzeit
   kreist,
schwebt nun auf die Arche
nieder
und ruht wieder,
   immer wieder
über den Sintfluten
der Welt.

Arche-Häuschen
   zwischen
Chaostier und Bundesbogen,
toten Fischen,
   Vögeln,
   Sternen –
von fauligen Fluten
zum Stehen bewogen,
   vom Hunger,
die Luke zu öffnen,
gezwungen.

Armenhaus Arche,
gestrandet
auf dem Stein.
Doch dein Glaube
   und dein Schrein
zwingt die
   Schöpferin Taube
in die sich selber
   verderbende,
   sterbende Welt
rettend
herein.

Mirjam tanzt

Die Feuerwolke
ist einer,
der schreitet
    durchs Wasser,
    es brennt.
    Das Meer
ist zerspalten,
    zertrennt.

    Hallel.

Die Frau schlägt
    die Trommel
und tanzt hinterher
    durch die Flut.
Der Herr,
unser herrlicher Herr
    und Befreier,
    ist Feuer.
    Was er tut,
    ist gut.

    Hallel.

In brennender Wolke
erstarren
    die Wasser
    zu Glut.
Sie tanzt durch
    die Wogen,
    den Regenbogen
hat sie als heiliges
    Tanzkleid
    sich angezogen
                und
reißt Gottes Volk
heraus aus tödlichen
    Zäunen
    in seinen
                Bund.

    Hallel.

Tischgemeinschaft mit den Armen

Die Wolke aus Feuer,
der pfingstliche Gott,
   bricht
aus
im Gehängten am Galgen –
   herein
in den Abendmahl-
   saal
der veruntreuten,
ausgebeuteten
   Schöpfung.

Legt sein Gesicht
   in den Wein,
   seinen Fisch
   auf den Tisch
   und spricht
zu den Ausgegrenzten,
den Elenden
der Erde,
allen zusammen
und jeder und jedem
   allein:

Iß dieses Brot hier
und trink
   diesen Wein,
Mensch,
   du bist mein!

Gott gehört dir
und verteilt sich selbst
mit durchbohrten
   Händen.

Am Teich Betesda

Wasser, das Wasser –
    Springt auf
    und läuft aus,
    wird zum Strom,
    wird zum Meer,
seitdem wir den Speer
in den Leib
des geschändeten Gottes
    getrieben.
Wir alle,
wir alle!
Keine und keiner
ist schuldlos
    an diesem Verbrechen
    geblieben –
am ausgestoßenen,
umgebrachten
    Menschen,
    Gott.

Wasser, das Wasser –
Tragt ihn nun,
Ihn,
    im Nichtswerten,
    Elenden,
    verkommenen Bruder
in ihr,
    der Verwahrlosten
    Kranken,
    Irren –
tragt sie hinab
    in die Flut.
Darin brennt die Glut,
Gottes Heil
    und Verzeihn.

Wasser, das Wasser –
Kann einer nicht gehen,
tragen wir ihn
auf den Schultern
    hinein.
Lasst uns einsinken
mit ihm zusammen
    ins Leben!
    Auferstehen
und trinken, und trinken …

Der Gekreuzigte

Den Behang nicht anfassen,
geschlossen lassen,
    zuziehn
das Tuch!
Nein, lasst uns
    hinknien
    ins Grauen,
das an den Stangen
da hängt.
Wir wollen ihn
    anschauen
    und mithangen
im Fluch.

Seht da, den Menschen!

Sein Schrei
schreit Geschichte
    und Zeit
    entzwei,
    schreit
so sehr, daß sie stehn.
    Gespalten
    im Neuen,
    im Alten,
und immer das zeitlose,
weltweite
    Schreien:
Warum mich verlassen?
    Warum, Gott?

Hört doch, den Menschen!

Gespalten sein Herz,
die Welt,
der Mensch,
    und dann,
was geschieht?
Der Himmel selbst
hält den Atem an:
Er selbst,
der Gehängte,
    zieht
den Behang der Geschichte
    zusammen.
In Wasser
    und Flammen
hat sich das ewige
»Gott-Jetzt
für den Menschen«
    vom Himmel
ins Weltall versetzt.

Seht, Gott im Menschen!

Vita und Werke von Sieger Köder

Am 3. Januar 1925 in Wasseralfingen geboren.

1931–1935	Volksschule in Wasseralfingen
1935–1943	Gymnasium Ellwangen/Jagst
1943–1945	Arbeitsdienst, Wehrmacht, Gefangenschaft
1946–1947	Staatliche Höhere Fachschule für Edelmetalle Schwäbisch Gmünd: Ziselieren und Silberschmieden
1947–1951	Kunstakademie Stuttgart: Zeichnen, Werkklasse, Malen, Kunstgeschichte
1951–1952	Universität Tübingen: Anglistik
1953	Referendarjahr in Stuttgart
1954–1965	Kunsterzieher am Schubart-Gymnasium Aalen
1965–1970	Universität Tübingen und München: Katholische Theologie
1971	Priesterseminar Rottenburg
1971	Priesterweihe
1971–1975	Vikar in St. Maria Suso, Ulm a. D.
1975–1995	Pfarrer in Hohenberg und Rosenberg

1953	Wandmalerei, Tabernakel, Kreuz Burgkapelle Niederalfingen
1961	Fenster und Wandbehang Pfarrkirche Onolzheim bei Crailsheim
1962	Kruzifixus und Tabernakel St.-Peters-Kirche, Bempflingen
1964	Rathaustür Wasseralfingen
1964/1965	Altar, Kreuz, Taufstein; Fenster in Taufkapelle und Choraufgang, Portale Pfarrkirche St. Stephanus, Wasseralfingen
1966	Altarbild im Johanneum, Tübingen
1967	Fenster »Totentanz« Friedhofskapelle Ebnat, Härtsfeld

1968	Fenster im Karmel, Tübingen
1970	Tabernakel – Flügelaltar
	Pfarrkirche St. Stephanus, Wasseralfingen
1973	»Das Mahl mit den Sündern«
	Bild im Speisesaal der Villa San Pastore bei Palestrina, Rom
1974/1975	Kreuzwegbilder, Wandbehänge für Advent und Ostern, Kreuz, Südportal
	St. Maria Suso, Ulm a. D.
1974	Bronzetür an der Kapelle im Mutterhaus der St.-Anna-Schwestern,
	Ellwangen/Jagst
1976	Kreuz in der Friedhofskapelle Rosenberg
1976/1978	Fensterzyklus »Die Geschichte des Heiligen Geistes«
	Pfarrkirche Heilig Geist, Ellwangen/Jagst
1977	Wandbild »Schützen« im Schützenhaus Rosenberg
1977	Fenster und Hahn
	Friedhofskapelle Hohenberg
1980	Fenster »Wurzel Jesse«
	St.-Anna-Kapelle in der Pfarrkirche St. Moriz, Rottenburg
1982	Osterfenster
	Pfarrkirche St. Vitus, Streitheim
1983	Fenster am Westgiebel »Ellwanger Kirchengeschichte«
	Pfarrkirche Heilig Geist, Ellwangen/Jagst
1984	»Souvenir Eigenleistung« und »Zirkus«
	Wandbilder im Katholischen Gemeindehaus, Rosenberg
1984	Fenster »Es ist ein Ros entsprungen«
	Hauskapelle des Instituts für Gesellschaftswissenschaften, Bonn
1988	Kreuz
	Friedhofskapelle Hüttlingen
seit 1979	Giebelbemalung am Jakobushaus; Fenster, Altar und Ambo
	Pfarrkirche St. Jakobus, Hohenberg
seit 1985	Altar, Fenster, Tabernakel, Kreuzwegstationen Pfarrkirche zur Mater
	Dolorosa, Rosenberg
seit 1991	Fenster »Sonnengesang des Franziskus« und »Auf dem Berg Alverna«,
	Altar und Wandbild »Krippe in Greccio«
	Hauskapelle im Kinderdorf, Ellwangen/Jagst
seit 1992	Kreuzwegstationen
	Pfarrkirche St. Nikolaus, Bensberg
1994/1995	Misereor-Hungertuch »Hoffnung den Ausgegrenzten«

Autorinnen und Autoren

Norbert Arntz

Geboren 1943 in Kleve/Niederrhein. 1963 bis 1970 Studium der Katholischen Theologie in Münster, München und Mainz. 1970 Priesterweihe in Münster. Von 1970 bis 1982 Kaplan in Waltrop, Wesel und Walsum. 1983 bis 1989 »weltkirchliche Lehrzeit« beim Indio-Volk der Quechuas im südlichen Andenhochland von Peru. Seit 1989 als Pfarrer Mitarbeiter bei Misereor und in der Pfarrei St. Martinus in Greven/Westfalen.

Rolf Baumann

Geboren 1935. Studium der Katholischen Theologie in Tübingen und Innsbruck. Promotion zum Dr. theol. in Tübingen (Neues Testament). Mitarbeiter des Kath. Bibelwerks in Stuttgart (Zeitschrift »Bibel heute«). Seit 1972 Professor für Katholische Theologie/Religionspädagogik an der Pädagogischen Hochschule in Reutlingen und heute in Schwäbisch Gmünd. Mit »Misereor« seit langem freundschaftlich verbunden.

Gertrud Casel

Geboren 1954. Studium der Psychologie und Theologie in Bonn und Nijmegen/Niederlande. Diplom in Psychologie. Seit 1989 Generalsekretärin der Katholischen Frauengemeinschaft Deutschlands.

Herbert Fendrich

Geboren 1953, »gelernter Gymnasiallehrer« (Deutsch u. Religion), Kunsthistoriker (Promotion 1988: »Rembrandts Darstellungen des Emmausmahles«), seit 1981 im Dienst des Bistums Essen. Bischöflicher Beauftragter für Kirche und Kunst, Dozent für »Kunst« am Bischöflichen Priesterseminar, Vorsitzender der Bischöflichen Kunstkommission.

Klaus Gouders

Geboren 1935 in Aachen. Studium der Theologie und Pädagogik in Bonn, Tübingen und Aachen. Promotion zum Dr. theol. (Altes Testament) in Bonn. Lehrer an einem Gymnasium. Zahlreiche Veröffentlichungen zur biblischen Theologie und Religionspädagogik.

Erwin Mock

Geboren 1934 in Wangen/A. Studium der Katholischen Theologie in Tübingen und Innsbruck. Diplom in Kath. Theologie. Von

1959 bis 1968 im Dienst der Diözese Rottenburg-Stuttgart. Seit 1.1.1969 bei Misereor, inzwischen Leiter der Abteilung Bildung und Pastoralarbeit. Ab 1973 berufsbegleitendes Zweitstudium in Pädagogik, Soziologie, Didaktik der Geschichte/Politische Bildung. 1978 zum Dr. päd. promoviert. Verheiratet, Vater von zwei Töchtern.

Theo Schmidkonz

Geboren 1926. Studium der Katholischen Theologie, seit 1948 Mitglied des Jesuitenordens. Priesterweihe 1957. Von 1958 bis 1971 als Studentenpfarrer in München tätig. Seit 1972 Priesterseelsorger für die Diözese Augsburg. Einer der Hauptinterpreten der Werke von Sieger Köder.

Heinz Georg Tiefenbacher

Geboren 1940. Studium der Katholischen Theologie in Tübingen. Priesterweihe 1966. 1966-1968 Vikar in Ulm. 1968–1976 in Tübingen Repetent, wissenschaftlicher Assistent und Spiritual. Anschließend bis 1985 Direktor der Akademie der Diözese Rottenburg-Stuttgart. Seit 1985 Domkapitular in Rottenburg, bis 1989 als Referent für Liturgie, Kirchenmusik, Kirchenbau und religiöse Kunst, seit 1989 als Personalreferent.

Silja Walter

Geboren 1919 in Rickenbach bei Olten/ Schweiz. Studium der Literaturwissenschaften an der Universität Freiburg. 1948 Eintritt ins Kloster. Sie lebt heute als Sr. Maria Hedwig OSB im Kloster Fahr, Unterengstringen bei Zürich. Veröffentlichte zahlreiche Gedichte, Erzählungen, Oratorien und geistliche Spiele.

Bildnachweis

S. 7: Foto Hansjörg Abuja, Klagenfurt. Aus dem Buch: Die alpenländischen Fastentücher von Reiner Sörries, Carinthia-Verlag Klagenfurt 1988 – S. 9: Foto Axel Huber, Seeboden, 1988 – S. 10: Bildarchiv des Museums Heimathaus Münster, Telgte – S. 13/14: Fotos Wim van der Kallen, Seckau. Aus dem Buch: Das Fastentuch im Dom zu Gurk von Othmar Stary und Wim van der Kallen, Carinthia-Verlag Klagenfurt 1994 – S. 18–27: Foto MISEREOR-Bildarchiv, © MISEREOR – S. 28, 31, 39, 52–98: Foto Spectrum, Aalen, © MISEREOR – S. 32 oben, 36, 38: Foto Erwin Mock, Aachen – S. 32 unten: Foto Klaus Gouders, Vettweiß – S. 45, 47: Foto Joachim Feist, Pliezhausen, © Sieger Köder